중소기업·자영업자를 위한

중대재해법
한 권으로 끝내기

법무법인 율촌 중대재해센터

현실이 된 중대재해처벌법 시행 규모 작다고? 봐주지 않습니다

중대재해처벌법이 제정·시행됨에 따라 경영의 주요 영역으로서 '안전'이 강조되고 있습니다. 안전에 관한 사회적 인식 전환이 빠르게 이뤄지는 형국입니다. 생산성 중심의 경영만큼, 안전을 비롯한 지속 가능한 경영이 중요한 시대지요.

반면, 중대재해처벌법의 한계와 남은 과제도 분명히 존재합니다. 사망 사고 발생 현황을 보면, 중대재해처벌법 시행으로 중대재해가 획기적으로 줄어들었다고 말하기는 어렵습니다. 중대재해처벌법의 효과나 기능을 평가하기에는 아직 시간이 많이 필요해 보입니다.

중대재해처벌법에 대해서는 위헌이라는 문제 제기도 있습니다. 경남 창원에서 2022년 2월 16일 발생한 급성중독 사건의 중대재해처벌법 공판 과정에서 피고인 측은 위헌법률심판제청 신청을 했지요. 다만, 창원지방법원은 명확성 원칙이나 과잉금지 원칙에 위반되지 않는다고 판단하면서 위헌법률심판제청 신청을 기각한 바 있습니다.

또한, 2024년부터는 중대재해처벌법이 50인 미만 사업장에 확대 적용됩니다. 중소기업·건설·경제단체는 4월 1일 헌법재판소에 헌법소원심판을 청구했습니다. 헌법재판소는 9인 전원 재판부에 회부해 위헌성 여부 판단에 들어갔습니다. 해당 단체들은 '평등권 위반'을 내세웁니다. 50인 미만 기업은 그 이상의 기업에 비해 안전보건 확보

2023년 업종 · 규모별 사망 사고 발생 현황

구분		전 업종			건설업			제조업			기타업		
		합계	50인(억)미만	50인(억)이상	소계	50억미만	50억이상	소계	50인미만	50인이상	소계	50인미만	50인이상
사망자수(명)	2022년	644	388	256	341	226	115	171	82	89	132	80	52
	2023년	598	354	244	303	181	122	170	96	74	125	77	48
	증감	-46	-34	-12	-38	-45	+7	-1	+14	-15	-7	-3	-4
	증감률(%)	-7.1	-8.8	-4.7	-11.1	-19.9	+6.1	-0.6	+17.1	-16.9	-5.3	-3.8	-7.7
사망사고건수(건)	2022년	611	381	230	328	224	104	163	82	81	120	75	45
	2023년	584	345	239	297	178	119	165	92	73	122	75	45
	증감	-27	-36	+9	-31	-46	+15	+2	+10	-8	+2	0	+2
	증감률(%)	-4.4	-9.4	+3.9	-9.5	-20.5	+14.4	+1.2	+12.2	-9.9	+1.7	0	+4.4

2024년 3월 7일 고용노동부 보도자료(2023년 재해조사 대상 사망 사고 발생 현황 잠정 결과 발표)

의무 이행 능력, 산재 발생 가능성 등에 차이가 있는데, 동일한 규정을 일괄 적용하는 것은 같은 것은 같게, 다른 것은 다르게 대우해야 한다는 헌법 제11조 평등권 위반에 해당한다는 주장입니다.

상시근로자 50인 미만 사업장 확대 적용은 중대재해처벌법이 우리 사회에 성공적으로 정착될 수 있을 것인지를 가를 분수령이 될 것으로 보입니다.

이런 배경하에서 중대재해처벌법은 안전의식을 제고하고 중대재해를 감축하기 위해서 필요하지만, 반기업 정서법 이미지도 강한 편입니다. 기업이 중대재해처벌법을 자율적으로 이행하는 데 상당한 걸림돌이 되는 것으로 보입니다.

본 무크지를 통해 기업이 중대재해처벌법의 내용을 충분히 이해하고 반기업적인 법으로 작용하는 것이 아니라, 실질적 중대재해 예방에 도움을 주는 법으로 작용할 수 있게 되기를 기원합니다.

Contents

〈들어가는 글〉
현실이 된 중대재해처벌법 시행 규모 작다고? 봐주지 않습니다   2

1부 중대재해법, 넌 누구냐(안전보건관계법령의 제도 개선 및 변화)   6

    1) 첫 논의가 시작되다···산업안전보건법 개정
    2) 안전이 곧 법으로···'중대재해처벌법' 제정되다
    3) 자기규율예방체계라는 놈을 갖춰야 한다는데···
    4) 소규모 사업장까지 안전보건관리체계 구축해야 한다고?
    5) 중대재해 사건이 발생하면 기업은 무엇을 책임져야 할까

2부 과오를 범한 이들의 이야기(유죄 판결 및 기소 사례)   28

    1) 토사가 와르르···채석장 붕괴 사고
    2) 건설 현장에서 사람이 떨어졌는데···
    3) 낙하한 중량물에 맞아 사망한 근로자
    4) 건설 현장이 처참하게 무너지다
    5) 갑자기 퍼진 화학물질에 중독된 노동자들
    6) 하늘에서 철근이 우수수 떨어지다

3부 안타까운 사고, 책임을 다해 사면받은 이들(불기소 사례)   48

    1) 석유화학 공장 열교환기 폭발 사고
    2) 건설 현장 추락 사고
    3) 석유화학 공장 폭발 사고
    4) 에어컨 설치 기사 추락 사고
    5) 화물운송 트럭 전복 사고

4부 안전보건관리체계, 어떻게 만들고 이행해야 할까   66

1) 안전보건관리체계가 무엇이길래?
2) 〈도급 · 용역 · 위탁 · 건설공사 발주〉 상황별 안전보건조치 챙기세요
3) 〈경영방침 · 목표〉 경영책임자의 안전보건 리더십 표명은 이렇게
4) 〈예산 편성 · 전담조직 구성 및 업무 지원〉 안전보건경영 역량의 기반 요소는 이것
5) 안전보건관리책임자 등의 역할과 책임
6) 작업중지 등 급박한 위험 발생 시 매뉴얼
7) 유해위험요인을 미리 확인했다면?
8) 협력사 점검도 확실하게
9) 다시는 이런 일 없도록! 재발 방지 대책 수립 철저히
10) 정부기관의 개선 시정 등 명령 이행 과정은?

5부 내 사업장에서 중대재해 사고가 일어났다면…어떻게 대응해야 할까   110

1) 중대재해 발생 시 수사 절차는 이렇습니다
2) 각 기관은 수사에서 어떤 일을 맡을까
3) 현장 보존은 필수! 문서 관리도 꼼꼼히
4) 작업중지 명령 진짜 작업을 멈춰야 할까?
5) 특별근로감독관이 온다고 합니다
6) 압수수색, 구속영장 단계에서 최선의 대응은
7) 유족분들을 어떻게 위로해야 하나요
8) 영업정지, 입찰참가자격 제한…행정제재가 뒤따릅니다

6부 중대재해 이런 것도 알아두면 좋습니다   142

1) 유지보수공사 때 중대재해처벌법상 책임 주체는?
2) 건설관계법령에 처벌 조항이 있다고요?
3) 불법하도급 재해, 중대재해처벌법 대상입니다
4) 부실시공과 중대재해, 어떤 파장이 있을까

〈나오는 글〉

대기업 회장님도, 자영업 사장님에게도 현실이 된 중대재해법   158

부록

중대재해처벌법상의 필수적인 이행 사항과 세부 조치 요령   162
안전보건 확보의무 이행, 이것부터 시작하세요

1부

중대재해법, 넌 누구냐
(안전보건관계법령의 제도 개선 및 변화)

첫 논의가 시작되다…
산업안전보건법 개정

중대재해법의 역사를 설명하려면, 산업안전보건법의 개정 과정부터 봐야 합니다. 희생된 사람의 이름을 딴 '김용균법' 이른바 산업안전보건법 전부개정 법안은 2020년 1월 16일부터 시행됐습니다. 법의 제정은 충남 소재 화력발전소의 사내 하청 근로자였던 김용균 씨의 사망이 계기였습니다. 비극적인 사건 이후 산업안전보건법이 전면 개정됐습니다. 안전보건조치의 보호 대상과 범위가 늘어났습니다. 동시에 각종 담당자의 책임이 강화됐습니다. 산업안전보건법의 보호 대상은 근로자에서 노무를 제공하는 자로 확대됐습니다. 위험의 외주화를 방지하기 위해 도급인의 책임이 강화됐습니다. 건설공사 발주자, 프랜차이즈 가맹본부 등에도 산업재해 예방을 위한 의무가 부과됐습니다.

산업안전보건법 주요 개정 사항	
도급 금지	유해 위험성이 높은 작업은 도급이 원칙적으로 금지되거나 고용노동부 장관의 승인을 받아서 도급해야 함 -도급 금지: ① 도금 작업 ② 수은, 납, 카드뮴의 제련, 주입, 가공, 가열 ③ 허가물질(베릴륨, 비소 등) 제조, 사용 -도급 승인: 중량비율 1% 이상의 황산, 불화수소, 질산, 염화수소를 취급하는 설비의 개조, 분해, 해체, 철거
도급인 책임 강화	도급인의 안전보건 책임장소를 도급인의 사업장 내 모든 장소와 도급인이 제공·지정한 경우로 도급인이 지배·관리하는 위험장소에서 작업하는 경우로 확대
배달 종사자 보호 확대	물건의 수거, 배달을 중개하는 자는 이륜자동차로 물건 수거, 배달 등의 일하는 자의 산업재해 예방을 위해 필요한 안전조치 이행
MSDS 작성, 제출	물질안전보건자료(MSDS) 작성과 제출하는 자를 화학물질 등을 제조하거나 수입하는 자로 변경

이정식 고용노동부 장관이 서울 중구 명동의 한 음식점을 방문, 중대재해처벌법 관련 안내문을 전달하고 있다. (매경DB)

개정 산업안전보건법이 시행됨에 따라 산업안전에 관한 관심이 증가했습니다. 사업주의 안전에 대한 책임이 강화된 측면이 있지만, 이런 타율적인 법적 규제가 없더라도 기업 자율의 안전보건관리 정책이나 사회적 요구에 따라 필연적으로 기업의 중요한 비재무적 요소로 안전은 강조될 수밖에 없는 시대적 상황입니다. 이런 시대적 상황에서 산업안전보건법을 충실히 준수하는 것은 기본입니다.

산업안전보건법에서는 아래와 같은 총 4가지 사안을 규제하고 있습니다.

(1) 안전보건관리책임자, 관리감독자, 안전관리자 등 사업장에서 갖춰야 하는 안전보건관리체제
(2) 유해위험방지를 위한 안전보건조치, 위험성 평가, 유해위험방지계획서 등의 조치
(3) 안전인증 등 유해위험기계 등에 대한 조치
(4) 물질안전보건자료(MSDS) 등 유해위험물질에 대한 조치

이처럼, 산업안전보건법은 안전보건에 관한 기준을 확립하고 그 책임 소재를 규정하고 있습니다.

중대재해법 이전에, 산업안전보건법부터 점검하라

작업 현장에서의 안전보건조치를 규율하고 있는 것이 산업안전보건법이라면, 중대재해처벌법은 산업안전보건법을 잘 준수하도록 '시스템'을 만드는 법안입니다. 현장에서 안전보건조치가 잘 이뤄질 수 있는 경영 체계를 만들도록 규율하는 법입니다. 즉, 단순하게 말해서 중대재해처벌법은 각 사업장에서 산업안전보건법을 잘 준수하도록 하기 위한 법이므로, 산업안전보건법을 제대로 준수하지도 않으면서 중대재해처벌법을 이행한다는 것은 생각하기 어렵습니다. 각 사업장에서는 중대재해처벌법의 이행 방안을 검토하기 위한 전제로, 먼저 사업장에서 산업안전보건법이 충실히 이행되고 있는지를 점검해야 하는 이유입니다. 미흡한 점이 있다면 이를 효과적으로 개선할 수 있는 방안을 강구해야 합니다.

이때, 산업안전보건법상 의무 이행이 필요한 보호 대상은 근로계약을 체결하고 있는 근로자뿐 아니라, 도급인의 사업장(도급인이 제공·지정한 경우로 도급인이 지배·관리하는 위험장소 포함)에서 작업하는 관계수급인의 근로자들도 포함된다는 점을 유념할 필요가 있습니다.

계약의 명칭에 관계없이 물건의 제조·건설·수리 또는 서비스의 제공, 그 밖의 업무를 타인에게 맡기는 경우, 도급으로 폭넓게 인정됩니다. 건설공사를 발주한 경우가 아니라면 사업장 내에서 이뤄지는 모든 작업에 대해 해당 사업장의 사업주가 안전보건조치를 취할 필요가 있습니다.

한편, 작업의 유해위험요인에 부합하는 구체적인 안전보건조치는 '산업안전보건기준에 관한 규칙'에서 규정하고 있으니, 이를 참조해 각 작업에 필요한 안전보건조치가 이뤄지도록 해야 할 것입니다.

위 규칙에서는 작업계획서 작성 의무도 규정하고 있습니다. ▲차량계 하역운반기계 등을 사용하는 작업 ▲차량계 건설기계를 사용하는 작업 ▲전기 작업 ▲중량물 취급 작업 등에 대해서는 작업계획서가 필요하다는 점

을 유념할 필요가 있습니다. 작업계획서는 그 자체로 작업상의 안전보건조치가 아니라고 생각하고 소홀히 하는 경우가 있지만, 위험한 작업을 안전하게 수행하기 위해 필수적으로 요구되는 사항입니다. 반드시 작업 전 해당 의무의 이행 여부를 확인해야 할 것입니다.

실제로, 중대재해처벌법 위반 사안에 대한 법원 판결례가 많지 않음에도 불구하고, 다수의 중대재해처벌법 위반 사건에서 작업계획서 미작성이 산업안전보건법 위반으로 인정됐습니다. 동시에 중대재해처벌법 위반을 인정하는 근거로 작용했습니다. 예컨대, 중대재해처벌법 시행 후 첫 번째로 대표이사에게 실형이 선고된 H제강 사건에서, 법원은 수급업체가 중량물 취급 작업에 관한 작업계획서를 작성하지 않았고, 이는 도급인인 H제강의 작업계획서 작성 의무 위반에 해당한다고 판단했습니다. 이를 근거로 도급인의 경영책임자에 대해 중대재해처벌법위반죄까지 인정했습니다.

중대재해처벌법은 안전보건관리체계를 갖춰 산업안전보건법을 더욱 충실히 이행하기 위한 법입니다. 사업장의 실질적인 재해 예방과 중대재해처벌법의 이행은 산업안전보건법의 이행부터 시작됩니다.

안전이 곧 법으로…
'중대재해처벌법' 제정되다

2019년 1월 15일 산업안전보건법 전부개정이 이뤄질 당시, 우리나라는 산업재해 사고가 빈발했습니다. 주요 선진국보다 2배 이상 높은 수준의 산업재해 발생으로 상당히 많은 사고 사망자가 발생하고 있었습니다. 이후 산업재해 사고 사망자 수는 감소 추세에 있으나, 주요 선진국과 비교하면 여전히 사망 사고 발생률이 높은 편입니다. 산업재해로 연 800명 이상이 목숨을 잃고 있는 것이 우리의 현실입니다. 한편, 산업재해로 인한 사망 사고와 함께, 가습기 살균제 사건과 4·16 세월호 사건 같은 시민재해로 인한 사망 사고 발생 역시 사회적 문제로 지적됐습니다.

우리나라에서 발생하는 중대산업재해 또는 중대시민재해의 대부분은 ① 위험에 대한 관리 책임 부재와 이에 따른 관리 소홀 ② 안전을 중시하는 조직 문화의 부재 등에 기인합니다.

안전사고 계속 이어지자
'형벌을 통한 예방' 주장 나와

이에 대해, ① 안전보건 확보를 위한 전사(全社)적 투자 ② 기업 차원의 체계적 안전보건관리체계 구축 ③ 조직 문화 변화 등의 구조적인 해결책을 통해 사고의 발생을 충분히 방지할 수 있다는 지적이 계속 나왔습니다.

동시에 사업장 중심으로만 안전보건조치 의무를 규정하고 있는 산업안전보건법 등 현행 안전보건관계법령만으로는 한계가 있다는 주장이 힘을 얻습니다. 새로운 법률의 입법을 통해 기업의 시스템, 조직 문화 등의 구조적

산재 사망자 발생 현황 (단위:명)

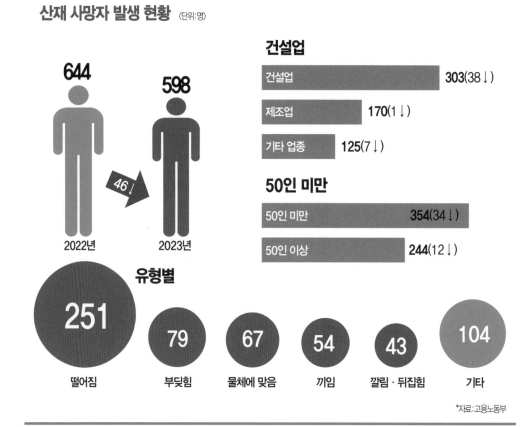

건설업

건설업	303(38↓)
제조업	170(1↓)
기타 업종	125(7↓)

50인 미만

| 50인 미만 | 354(34↓) |
| 50인 이상 | 244(12↓) |

644 → 46↓ → 598
2022년 → 2023년

유형별

| 251 | 79 | 67 | 54 | 43 | 104 |
| 떨어짐 | 부딪힘 | 물체에 맞음 | 끼임 | 깔림·뒤집힘 | 기타 |

*자료:고용노동부

차원에서 사고 발생에 대한 대책을 마련해야 한다는 목소리가 등장했죠. 하위 직급의 개별 행위자보다는 사고의 근본적인 원인을 제공한 기업 자체와 그 경영책임자에게 책임을 부담하게 함으로써 이른바 '형벌을 통한 예방 효과'를 제고해야 한다는 주장이 등장합니다. 이런 배경하에서, 기업의 조직 문화를 개선하고 안전관리 시스템을 재정비함으로써

사고를 예방하고 국민들의 안전을 확보하고자 '중대재해 처벌 등에 관한 법률(이하 '중대재해처벌법')'이 2021년 1월 26일 제정됐습니다. 이 법안은 2022년 1월 27일부터 본격 시행했죠.

중대재해처벌법에서 규정하는 '중대재해'란 중대산업재해와 중대시민재해로 나뉩니다. 중대산업재해는 ① 사망자가 1명 이상 발생하

사업주·경영책임자 등의 안전보건 확보의무란?

❶ **안전보건관리체계의 구축 및 이행에 관한 조치**

1) 안전·보건 목표와 경영 방침의 설정

2) 안전·보건 업무 총괄·관리 전담조직(500인 이상, 종합건설회
사 시공순위 200위 이내)

3) 유해·위험요인 확인·개선 절차 마련, 점검 및 필요한 조치

4) 재해 예방에 필요한 안전보건 인력 시설·장비 구비 및 유해·위험요인 개선에 필요한
예산 편성, 집행

5) 안전보건관리책임자 등의 충실한 업무 수행 지원(권한과 예산, 평가 기준 마련 및 평가 관리)

6) 산업안전보건법에 따른 안전관리자, 보건관리자 등 배치(산업안전보건법상 기준 이상)

7) 종사자 의견 청취 절차 마련, 청취 및 개선 방안 마련·이행 여부 점검

8) 중대산업재해 발생(급박한 상황 포함) 시 조치 매뉴얼 마련 및 조치 여부 점검

9) 도급, 용역, 위탁 시 조치 능력 및 기술에 관한 평가 기준 절차 및 관리비용–업무 수행 기간 관련
기준 마련, 이행 여부 점검

*점검은 반기 1회 이상 실시

❷ **재해 발생 시 재발 방지 대책 수립 및 이행에 관한 조치**

❸ **중앙행정기관 등이 관계법령에 따라 시정 등을 명한 사항의 이행에 관한 조치**

❹ **안전·보건관계법령상 의무 이행에 필요한 관리상의 조치**

1) 안전·보건관계법령상 의무 이행 여부를 점검(안전·보건법령상 지정기관에 해당 법령에 관한 점
검 위탁 가능)하고 점검 결과를 보고받아 법령상 의무가 이행될 수 있도록 조치

2) 유해·위험 작업에 관한 법령상 의무 교육 실시 여부를 점검하고 교육 실시에 필요한 조치 실시

사업주 또는 경영책임자 등은 안전보건 확보의무의 이행에 관한 사항을 서면으로 작성, 5년간 보관
하여야 함(소상공인 제외)

거나 ② 동일한 사고로 6개월 이상 치료가 필요한 부상자가 2명 이상 발생하거나 ③ 동일한 유해요인으로 급성중독 등 대통령령으로 정하는 직업성 질병자가 1년 이내에 3명 이상 발생한 경우를 말합니다.

그리고, 중대재해처벌법은 ① 중대재해 발생 시 기업의 경영책임자, 원청 등 실질적인 책임자에게 그 책임을 부담하게 함으로써 안전·보건 확보의무가 실질적으로 지켜지도록 하고 ② 다단계 하청 노동자, 특수고용 노동자의 중대재해에 대해서도 실질적인 책임이 있는 원청이 책임을 부담할 수 있도록 하며 ③ 다중이용시설, 제조물의 사용 과정에서 발생한 중대시민재해에 대해 기업의 실질적인 책임자가 책임을 부담할 수 있도록 하고 ④ 고의적이거나, 반복해서 법을 위반하는 경우 등에는 징벌적 손해배상 책임도 부담하도록 하는 내용을 주요 골자로 합니다.

중대재해처벌법의 시행으로 인해, 기업의 경영책임자는 '안전도 경영의 일부'라는 인식을 갖고, 회사의 인적·물적 자원을 활용해 산업재해 예방을 위한 시스템을 갖춰야 할 것입니다.

인 사업 또는 사업장(건설업의 경우에는 공사금액 50억원 미만의 공사)에 대해서는 중대재해처벌법이 2024년 1월 27일부터 확대 적용되기 시작했습니다. 상시 근로자 수가 5명이 넘는 경우라면 개인사업자도 적용이 되는데 이때 근로자는 기간제, 단시간 등 고용 형태를 불문하고 하나의 사업 또는 사업장에서 근로하는 모든 근로자를 포함합니다(배달 라이더의 경우 근로계약을 체결하고 일하는 경우에만 포함). 업종과 무관하므로 음식점업, 숙박업 등이 모두 적용 대상이 됨에 주의를 요합니다.

영세한 사업주들은 중대재해처벌법의 '안전보건관리체계 구축·이행' 등의 안전보건 확보의무의 내용이 낯설고 어려울 수 있습니다. 이에 대비해 고용노동부는 음식점업, 숙박업 등을 포함해 주요 20개의 업종에 대한 '업종별 중소기업 안전보건관리체계 구축 가이드'와 '안전보건관리체계 자율점검표'를 마련해 배포했습니다. 전국 30개 권역의 '산업안전 대진단 상담·지원센터'를 통해 산업안전 대진단과 정부 지원을 상담·신청하는 방안도 있습니다.

2024년 1월부터 적용 범위 확대
영세 사업주라도 법률 내용 익혀야

개인사업자 또는 상시 근로자가 50명 미만

자기규율예방체계라는 놈을
갖춰야 한다는데…

고용노동부는 2023년 11월 '중대재해 감축 로드맵'을 발표했습니다. 이 로드맵은 중대재해를 획기적으로 줄이기 위해 고안되었습니다. 고용노동부는 해당 로드맵을 통해 '산업안전 패러다임을 대전환하겠다'고 공표했습니다. 특히 고용노동부는 '위험성 평가 중심의 자기규율예방체계 확립'이 중대재해 감축을 위한 가장 효과적인 전략이라고 강조했습니다. 정부가 직접 나서 중대재해와 관련이 깊다고 말한 만큼, 자기규율예방체계는 필히 알아둬야 합니다.

이번 장에서는 자기규율예방체계가 무엇인지, 왜 해당 체계를 도입해야 하는지, 해당 체계는 어떻게 구성돼 있는지를 검토해보 겠습니다.

자기규율예방체계란 무엇인가

고용노동부는 법령에 근거한 규제·처벌을 중심으로 일선 사업장들의 안전·보건을 관리해왔습니다. 때문에 산업안전감독도 규정 위반 적발에 치중돼 있었습니다.

이로 인해 사업장의 안전·보건관리는 해당 사업장의 실제 유해·위험요인과 무관하게 이뤄졌습니다. 기업들은 그저 '산업안전보건기준에 관한 규칙' 등의 세부 규정을 준수하고 있는지만 확인하기 급급할 뿐이었습니다.

하지만 '법령에 근거한 규제·처벌' 중심의 안전·보건관리 방식은 개별 사업장의 특성과

한국 업무상 사고 사망자 수와 사망 사고 만인율 추이 〈단위:명〉

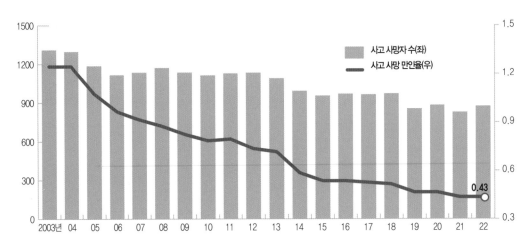

사망 사고 만인율:산재보험 적용 근로자 수 1만명당 발생하는 업무상 사고로 인한 사망자의 수를 의미합니다.

여건을 고려하지 못한다는 한계가 있었습니다. 고용노동부도 우리나라 사망 사고 만인율이 약 0.45‰로 정체된 원인을 이러한 한계에서 찾았습니다.

이는 OECD 평균 사망 사고 만인율(0.29‰)의 약 2배입니다. 우리나라 사망 사고 발생 빈도가 경제 수준에 비해 월등히 높음을 의미합니다(OECD 38개국 중 34위).

고용노동부는 이를 해결하기 위해 유사한 문제를 경험한 선진국의 사례를 검토했습니다. 특히 고용노동부는 영국의 일터에서의 안전과 보건(Safety and Health at Work) 보고서 소위 '로벤스 보고서(Robens Report)'에 주목했습니다. 영국은 이 보고서를 기점으로 '처벌·감독 중심의 안전관리'를 '노사의 자발적 참여에 기반을 둔 안전관리'로 전환해 사고 사망 만인율을 크게 낮출 수 있었기 때문입니다.

이에 고용노동부는 규제와 처벌에 의존하는 기존 방식 대신, 노동자와 사용자가 협력해 사업장 특성에 부합하는 자체 규범을 만드는 방안을 도입했습니다. 바로, 위험성 평가를 중심으로 사업장 내 유해·위험요인을 지속 발굴·제거하는 새로운 안전관리 방식인 자기규율예방체계입니다.

자기규율예방체계를 갖춰야 하는 이유

중대재해처벌법상 경영책임자는 안전보건관리체계 수립 의무를 부담합니다(제4조 제1항 제1호). 또한 안전보건관리체계에는 해당 사업 또는 사업장의 특성에 따른 유해·위험요인을 확인하고 개선하는 업무 절차가 반드시 포함돼야 합니다(시행령 제4조 제3호).

이런 '유해·위험요인 확인·개선 절차'는 중대재해처벌법의 핵심입니다. 전술한 자기규율예방체계의 취지와 맥락을 같이합니다. 즉, 자기규율예방체계 구축은 안전보건관리체계의 가장 중요한 내용을 이행하는 것과 같다고 볼 수 있기에 중요합니다.

자기규율예방체계의 구성 요소

기존 안전관리 방식과 자기규율예방체계의 가장 큰 차이점은 자기규율예방체계는 '자율과 책임'과 '참여와 협력'을 강조한다는 점입니다. 이런 맥락에서 자기규율예방체계를 효과적으로 구축하는 방안을 구성 요소별로 설명합니다.

첫째, 노사가 함께 사업장 특성에 맞는 자체 규범을 마련해야 합니다.

노사는 정부 규범과 지침을 바탕으로 사업장의 특성에 맞는 규범을 만들어야 합니다. 특히 사업장마다 환경과 특성이 다르므로 정부의 일률적인 기준만으로는 중대재해를 효과적으로 예방하기 어렵습니다. 따라서 노사가 협력해 사업장 특성을 반영한 자체 규범을 마련해야 합니다.

예를 들어 여름에 일이 많은 사업장은 고용노동부 '온열질환 예방 가이드'에 따라 폭염특보 발령 시 10~15분 이상 규칙적으로 휴식을 주는 내용을 작업 지침에 넣어야 합니다. 여기에 더해, 사업장 내 온도가 특히 높은 곳을 사전에 파악, 해당 장소에서 일하는 자에게 추가 휴식을 주는 식으로 사업장 특성을 고려해야 합니다.

둘째, 위험성 평가를 핵심 수단으로 사업장 내 위험요인을 스스로 발굴·제거해야 합니다.

고용노동부 장관은 "자기규율예방체계로 전환하는 핵심 수단이 바로 위험성 평가"라고 강조했습니다.

산업안전보건법에 따르면 사업주는 건설물, 기계·기구·설비, 원재료, 가스, 증기, 분진, 근로자의 작업 행동 또는 그 밖의 업무로 인한 유해·위험요인을 찾아내야 합니다. 또한 해당 요인들이 부상·질병으로 이어질 수 있는 위험성의 크기가 허용 가능한 범위인지를 평가해야 하고, 그 결과에 따라 일정한 조치를 취해야 합니다. 한편 근로자에 대한 위험 또는 건강장해를 방지하기 위해 필요한 경우 추가적인 조치를 해야 합니다.(제36조 제1항). 이러한 일련의 절차를 위험성 평가라고 합니다.

위험성 평가의 3대 핵심 요소는 '유해·위험요인 파악' '종사자의 참여' '결과의 공유'입니다.

'유해·위험요인 파악'이란 사업장에서 사고를 일으킬 수 있는 유해·위험요인을 빠짐없이 찾아내는 과정을 의미합니다. 예를 들어 건설 현장 내 종사자들이 사용하는 안전대가 낡아 제 기능을 하지 못한다면, 작업 전 이를 확인하고 해당 안전대의 사용을 금지하는 것도 유해·위험요인을 파악하는 과정이라 볼 수 있습니다.

'종사자의 참여'란 종사자들이 위험성 평가의 취지, 방법·절차를 알고 사업주와 함께 현장의 핵심 유해·위험요인을 발굴해 개선해야 한다는 의미입니다. 현장에서 직접 작업하는

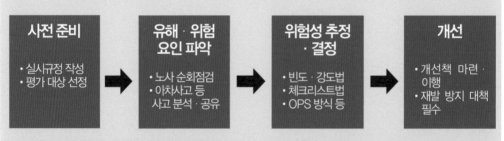

위험성 평가의 구체적인 방식은 고용노동부 고시인 '사업장 위험성 평가에 관한 지침'에 정해져 있으며, 해당 지침에 따른 위험성 평가 절차는 다음과 같습니다.

[중대재해처벌등에관한법률위반(산업재해치상)]'이 문제 된 사안에서 창원지방법원이 '유해·위험 요인을 확인하는 절차는 누구나 자유롭게 사업장의 위험 요인을 발굴하고 신고할 수 있는 창구를 포함하여 경영책임자 등이 사업장의 유해·위험요인을 파악하는 체계적인 과정을 의미하고, 이러한 확인 절차에는 사업장에서 실제 유해·위험 작업을 하고 있는 종사자의 의견을 청취하는 절차를 포함'해야 한다고 본 것도 동일한 맥락입니다[창원지방법원 2023년 11월 3일 선고 2022고단1429 판결(창원지방법원 2023노3091호로 사건 계속 중)].

사람들이야말로 사업 또는 사업장에 내재한 유해·위험요인을 가장 잘 알기 마련입니다. 따라서 사업주는 이들의 참여를 적극적으로 독려해 유해·위험요인을 찾아야 합니다.

'결과의 공유'란 위험성 평가 결과를 모든 종사자와 공유해야 한다는 의미입니다. 앞서 본 낡은 안전대 사례로 보면, 작업 전 안전점검회의(Tool-Box Meeting) 등을 통해 종사자들에게 낡은 안전대가 발견된 사실을 알리고, 작업 전 각자의 안전대를 재점검하라고 전파하는 것이 이에 포함될 수 있습니다.

셋째, 사고 발생 시 기업의 예방 노력 적정성을 엄정히 따져 결과 책임을 부여해야 합니다.

했습니다.

특히 고용노동부는 사고 수사 시 사고 사례, 재발 방지 대책 등을 분석해 위험성 평가에 "반드시 지켜야 할 의무(이른바 Golden Rule)"가 제대로 반영돼 있는지 따질 계획이라 했습니다. 이는 노사가 유해·위험요인을 제대로 파악하지 않은 탓에 사고가 일어났다면 그에 따른 책임을 물을 것이라는 의미입니다. 이를 통해 자기규율예방체계를 도입하더라도 안전관리가 소홀해지는 일은 없으리라 예상됩니다.

어떠한 경우에도 안전관리 소홀 마라

앞서 노사가 사업장 특성에 맞는 자체 규범을 만드는 것이 자기규율예방체계의 구성 요소라고 설명드렸습니다. 그렇다면 노사가 안전·보건관리에 많은 노력을 기울이지 않기로 합의한다면, 결과적으로 관리가 전혀 이뤄지지 않는 결과를 초래하는 것이 아닌지 의문이 들 수 있습니다.

그러나 고용노동부는 자기규율에는 책임이 뒤따름을 분명히 하며 "노사가 자기규율에 무관심하거나 소홀해 재해가 발생한다면 그에 대해서는 엄중하게 책임을 묻겠다"고 천명

소규모 사업장까지 안전보건관리체계 구축해야 한다고?

중대재해처벌법은 2024년 1월 27일부터 5인 이상 모든 사업장까지 전면 적용됐습니다. 그간 법 적용 대상에서 제외됐던 소규모 사업장도 이제는 규제의 대상이 된 것입니다. 중대재해처벌법의 준비가 부족한 상황에서, 법의 확대 적용에 따른 부작용과 혼란이 야기될 수도 있습니다.

다만, 소규모 사업장이라고 해서 '중대재해를 예방하고 시민과 종사자의 생명과 신체를 보호해 안전하고 건강한 일터'를 만들 의무가 없는 것은 아닙니다.

정부는 삼풍백화점 붕괴 사고(502명 사망, 1995년 6월 29일)를 계기로 '구조물 안전 등 감리 강화', 태안화력발전소 압사 사고(1명 사망, 2018년 12월 10일)를 계기로 '노동 환경 등 산업 안전 강화' 등 제도를 강화하며 '안전에 대한 우리 사회의 인식 변화'를 꾀하고자 산업안전보건법 전부개정(2019년 1월 15일)을 했고, 경영책임자에게 안전·보건 확보의무를 부과하기 위해 중대재해처벌법을 제정·시행하기에 이르렀습니다.

중대재해처벌법은 2022년 1월 27일(공포

제조업 사망 사고 현황								
구분	2019년	2020년	2021년	2022년	2023년 11월	합계	연평균	점유율
합계	206	201	184	184	151	926	193.8	
5인 미만	43	38	42	44	29	196	41.8	21.2%
5인 이상~50인 미만	121	120	93	103	89	526	109.3	56.8%
50인 이상~100인 미만	20	16	17	15	14	82	17	8.9%
100인 이상~500인 미만	16	19	19	14	13	81	17	8.7%
500인 이상~1000인 미만	3	0	1	2	0	6	1.5	0.6%
1000인 이상	3	8	12	6	6	35	7.3	3.8%

• 제조업은 연평균 194명이 사망했으며, 건설업(427명)의 절반 이하의 수준인데, 5인 이상~50인 미만에서 약 57% 점유하고 있어 5인 이상~50인 미만 사업장에 대한 중대재해 예방의 필요성이 매우 높습니다.

2021년 1월 26일)부터 50인 이상 사업장(건설업 50억원 이상 건설 현장)에 시행됐습니다. 50인 미만 소규모 사업장은 2년의 유예 기간을 두고 있었으며, 2024년 1월 27일부터 유예 기간이 만료됨에 따라 전면 확대 시행됐습니다. 중대재해처벌법은 상시근로자가 5인 이상인 개인사업주 등 업종에 관계없이 적용됩니다. 즉 건설업·제조업보다 상대적으로 재해 발생이 적은 서비스업(음식점, 제과점 등) 사업장, 사무직만 있는 사업장에도 예외 없이 5인 이상인 경우, 모두 적용 대상인 것입니다.

이제는 소규모 사업장도 예외 아니야… '안전보건관리체계' 필수

중대재해처벌법이 확대 시행하게 됨에 따라 이제는 5인 이상 사업장 모두가 안전보건관리

체계를 구축하고 이행해야 합니다.

최근 5년간의 사망 사고 현황을 살펴보면, 제조업은 연평균 194명이 사망했습니다. 건설업의 절반 이하 수준인데, 5인 이상~50인 미만에서 약 57% 점유하고 있습니다. 5인 이상~50인 미만 사업장에 대한 중대재해 예방의 필요성이 매우 높습니다. 건설업은 연평균 427명이 사망했고 2021년 이후 감소세를 나타내고 있지만, 50억원 미만 현장에서 1,417명(2019년~2023년 11월)이 사망했습니다. 건설업 전체의 약 70% 점유하고 있으므로, 이에 대한 근본적 개선이 요구됩니다.

이처럼 중대재해처벌법이 유예(5인 이상~50인 미만 사업장, 50억원 미만 건설 현장)됐던 사업장이 전체 사고 사망의 제조업 57%, 건설업 70%를 점유하고 있어 산업 안전에 대한 제도적 규제가 더 필요하다고 볼 수 있습니다.

그럼에도, 중대재해처벌법에 대한 이해가 부족하고, 체계 구축 인력을 고용할 여력이 없는 등 충분하게 준비되지 않은 소규모 사업장이 많아, '될 대로 되라고 해'라는 자포자기의 말들이 들려오는 것도 사실입니다.

그러나 어찌하겠습니까? 법은 시행됐고, 사업장은 '안전하고 건강한 일터'를 만들기 위해서 법을 준수해야 할 의무와 책임이 있습니다. 소규모 사업장이라고 예외가 될 수 없습니다. 때문에, 안전보건관리체계를 구축해

고용노동부·안전보건공단의 산업안전 대진단 홍보용 알림창(예

이행해야 합니다.

사업장에서 반드시 구축해야 하는 안전보건관리체계 구축이란 '사업장 스스로 위험요인을 파악해 제거·대체와 통제 방안을 마련, 이행하며, 이를 지속적으로 개선'하는 일련의 활동 즉, 체계(System)를 구축하는 것을 말합니다.

그렇다면 기업은 무엇을 해야 할까요? 소규모 사업장이라도 각 사업장 여건에 맞는 안전보건관리체계를 구축하고 주기적인 점검·조치·개선을 통하여 성과를 높여야 합니다.

안전보건관리체계 구축·이행을 위한 7가지 핵심 요소는 ① 경영자의 리더십 ② 유해위험요인 파악 ③ 유해위험요인 제거·대체와 통제

건설업 사망 사고 현황								
구분	2019년	2020년	2021년	2022년	2023년 11월	계	연평균	점유율
합계	428	458	417	402	327	2032	426.3	
1억원 미만	108	108	130	117	80	543	115.8	26.7%
1억원 이상~20억 미만	132	170	130	127	100	659	139.8	32.4%
20억원 이상~50억원 미만	43	53	38	35	46	215	42.3	10.6%
50억원 이상~120억원 미만	28	28	35	25	22	138	29	6.8%
120억원 이상~500억원 미만	51	36	26	39	34	186	38	9.2%
500억원 이상~1000억원 미만	18	27	16	15	19	95	19	4.7%
1000억원 이상	42	28	36	37	24	167	35.8	8.2%
분류불능	6	8	6	7	2	29	6.8	1.4%

• 건설업은 연평균 427명이 사망했고 2021년 이후 감소세를 나타내고 있지만, 50억원 미만 현장에서 1,417명(2019년~2023년 11월)이 사망해 건설업 전체의 약 70% 점유하고 있으므로, 이에 대한 근본적 개선이 요구됩니다.

④ 근로자의 참여 ⑤ 비상조치 계획 수립 ⑥ 도급 용역·위탁 시 안전보건 확보 ⑦ 평가와 개선 등입니다. 7가지 사안을 모두 실행해나가야 합니다.

물론, 기업 홀로 이 모든 사안을 준비하라는 이야기는 아닙니다. 정부는 사업자를 위해 갖가지 사안을 지원하고 있습니다. 사업장의 부작용과 혼란을 최소화하고, 조속한 안착을 위해 안전보건관리체계 구축 컨설팅, 교육과 기술 지도, 시설 개선 등의 재정 지원 등을 무료 맞춤형으로 지원하고 있습니다. 일반 안전보건기관 등에서 컨설팅을 받을 수도 있습니다.

또한, 정부의 산업 안전 대진단을 통해서 안전보건관리체계를 온·오프라인으로 진단받을 수 있습니다. 정부에서 제공하고 있는 관련 자료(소규모 사업장 안전보건관리체계 구축 길라잡이 매뉴얼·지원 가이드 등)를 참고하여 업무에 활용 가능합니다.

모든 사업장이 안전보건관리체계가 조속히 구축·이행됨으로써 사업장이 '일하는 사람의 안전하고 건강한 일터'가 되는 행복한 대한민국을 꿈꿔봅니다.

■ 참고문헌 통계 ■
*참고자료 : 해설 중대재해처벌법(중대산업재해)[고용노동부, 한국산업안전보건공단], 소규모 사업장 안전보건관리체계 구축 지원 가이드[한국산업안전보건공단 2023]
*통계자료 : 한국산업안전보건공단

중대재해 사건이 발생하면 기업은 무엇을 책임져야 할까

중대재해처벌법은 중대재해를 예방하고 시민과 종사자의 생명과 신체를 보호함을 목적으로 합니다. 그 목적을 달성하는 방법으로 '인명 피해를 발생하게 한 사업주, 경영책임자, 공무원과 법인의 처벌' 즉 형사처벌을 택하고 있습니다. 많은 사람들이 중대재해처벌법에 관심을 갖는 이유 중 하나도, 안전보건 확보의무를 충실히 이행하지 못해 중대재해가 발생하는 경우 경영책임자 등이 형사처벌을 받을 수 있기 때문입니다.

구체적으로 중대재해처벌법의 처벌 규정을 살펴볼까요. 사업주 또는 경영책임자가 안전보건 확보의무를 위반해 1명 이상이 사망하는 '중대산업재해'가 발생하는 경우, 사업주 또는 경영책임자에 대해서 '1년 이상의 징역 또는 10억원 이하의 벌금'을, 부상 또는 질병에 대해서는 '7년 이하의 징역 또는 1억원 이하의 벌금'을 규정하고 있습니다. 또한, 법인에 대해서도 사망 사고의 경우 '50억원 이하의 벌금', 부상 또는 질병의 경우에는 '10억원 이하의 벌금'의 양벌규정을 두고 있습니다.

사고 사안에 따라 적용 법률 달라

하지만, 중대재해가 발생한 경우 적용되는 법은 중대재해처벌법만이 아닙니다. 일반적으로 사업장에서 중대재해가 발생하면 중대재해처벌법뿐 아니라, 산업안전보건법과 형법이 함께 적용되는 경우가 대부분입니다. 중대재해처벌법, 산업안전보건법, 그리고 형법이 의무를 지우는 주체, 의무의 내용과 처벌 대상 행위 등에 있어서 차이가 있으므로, 구체

사고가 발생하면, 사고의 유형에 따라 적용받는 법률이 달라진다. 사진은 건설 현장 모습. (매경DB)

	중대재해처벌법	산업안전보건법	형법(업무상과실치사상)
주체	개인사업주, 경영책임자 등	사업주(법인·개인) → 사업장별 권한을 위임받은 자	상황에 따라 구체적 주의의무를 부담하는 자

	중대재해처벌법	산업안전보건법	형법
처벌 행위	안전보건 확보의무 위반으로 중대산업재해 발생	안전·보건 조치의무 위반 (사망 결과 발생 시 가중처벌: 제167조)	업무상 주의의무 위반으로 사망·부상, 질병 발생

	중대재해처벌법	산업안전보건법	형법
근로자 사망	O	O(제167조)	O (업무상과실치사)
근로자 외 종사자 사망	O	X	O (업무상과실치사)
중대재해처벌법상 중대산업재해 (부상, 질병)	O	O (안전·보건 조치의무 위반)	O (업무상과실치상)
산업안전보건법상 중대재해 (부상, 질병)	X	O (안전·보건 조치의무 위반)	O (업무상과실치상)
단순 안전·보건조치 미이행	X	O (안전·보건 조치의무 위반)	X

적인 사안에 따라 적용 법률과 처벌 대상 등이 달라지게 됩니다.

우선, 중대재해 발생 시 각 법률에 따라 처벌 대상이 달리 정해집니다.

주요 법률 어떤 상황에 적용되나?

중대재해처벌법은 개인사업주와 경영책임자에게 직접 안전보건 확보의무를 부과합니다. 이를 위반해 중대산업재해가 발생한 경우 경영책임자 등을 처벌하고 있습니다. 물론 산업안전보건법이 사업주에게 안전보건 조치의무를 부과하고는 있습니다. 그러나 사업장별로 적용되는 산업안전보건법의 특성상 실질적으로는 사업주로부터 각 사업장에 대한 관리감독권을 위임받은 자(예를 들어 안전보건

관리책임자)가 안전보건 조치의무를 부담하게 됩니다. 해당 안전보건 조치의무 불이행자가 처벌 대상이 됩니다. 형법의 경우, 특별히 업무상과실치사상죄의 주체를 제한하고 있지 않습니다. 법인의 대표자, 안전보건관리책임자는 물론 관리감독자 등 직원 또한 구체적인 사정에 따라 업무상 주의의무를 부담합니다. 이를 위반한 자가 업무상과실치사상죄의 처벌 대상이 될 수 있습니다.

다음으로, 각 법률에서 처벌 대상으로 하는 행위(범죄)가 다릅니다.

중대재해처벌법은 안전보건 확보의무 위반으로 중대재해처벌법상 중대산업재해에 해당하는 근로자의 사망, 부상 또는 질병이 발생하는 경우 경영책임자 등을 처벌하고 있습니다. 산업안전보건법은 안전보건조치 위반으

로 '사망'의 결과가 발생하는 경우 가중해 처벌합니다(제167조, 7년 이하의 징역 또는 1억 원 이하의 벌금). 다만, 사망의 결과에 이르지 않은 경우에는 결과 발생 여부와 관련 없이 안전·보건 조치의무 위반 행위 자체만을 처벌하고 있습니다. 형법은 구체적인 주의의무 위반으로 사망이나 부상과 질병의 결과가 발생하는 경우 적용될 수 있습니다. 중대재해처벌법이나 산업안전보건법이 적용되지 않는 경우에도 가장 넓게 적용될 수 있습니다.

징벌적 손해배상 규정, 합의금에 영향

이상의 내용을 종합하면, 사고 발생으로 인한 결과에 따라 수사기관이 적용을 검토하는 법률이 달라질 수 있습니다. 예를 들어, 사고로 인해 근로자가 사망한 경우 중대재해처벌법, 산업안전보건법, 형법이 모두 적용될 수 있습니다. 한편, 사망 이외에 부상이나 질병이 발생한 경우, 중대재해처벌법상 중대산업재해와 산업안전보건법상 중대재해의 범위가 달라 구체적인 결과에 따라 적용 법률이 달라질 수 있습니다. 이와 같이 결과에 따라 각 법률의 적용 여부를 정리하면 좌측 표와 같습니다.

한편, 사업주 또는 경영책임자 등이 고의 또는 중대한 과실로 중대재해처벌법에서 정한 의무를 위반해 중대재해를 발생하게 한 경우

해당 사업주, 법인 또는 기관이 중대재해로 손해를 입은 사람에 대해 그 손해액의 5배를 넘지 아니하는 범위에서 배상 책임을 지게 됩니다. 중대재해 발생 시에는 재해자 또는 그 유족들과 합의를 하는 경우가 많은데, 위와 같은 징벌적 손해배상 규정이 합의금 책정에 영향을 주기도 합니다.

2부

과오를 범한 이들의 이야기
(유죄 판결 및 기소 사례)

〈같은 과오를 범하지 않기 위한 교훈〉

토사가 와르르…채석장 붕괴 사고

지난 2022년 1월 27일부터 중대재해처벌법이 시행됐습니다. 중대재해처벌법 시행 2일 후인 2022년 1월 29일부터 5일간은 구정 연휴였는데, 긴장이 느슨해지는 명절 기간 중 중대재해 발생을 우려하는 업체들이 많았습니다. 상당수 기업들은 휴일 영업 또는 작업 등을 중단할 것을 결정하기도 하였습니다.

중대재해처벌법 시행 이후 첫 사건

그러던 중 연휴 첫날인 2022년 1월 29일 사고가 터졌습니다. 오전 9시 50분경, 경기 양주시 소재 S산업 채석장에서 토사(석분토)가 붕괴해 무너져 내리면서 하부에서 채석 관련 작업을 하던 작업자 3명이 사망하는 안타까운 사고가 발생했습니다. 중대재해처벌법의 적용을 받는 첫 케이스이자 다수의 피해자가 발생한 사고가 발생하자, 각 언론사들은 위 사고에 대해 대대적으로 보도했고, 정부에서도 엄정 대응 방침을 밝혔습니다.

이에 경찰, 노동청, 검찰 등 수사기관에서는 현장조사, 압수수색, 관계자 소환 등 강도 높은 수사를 진행했습니다. 그 결과 검찰은 2023년 3월경 S산업 모회사인 S그룹 회장을 중대재해처벌법 위반 혐의(산업재해치사)로, S산업 대표이사 등 6명을 산업안전보건법 위반 또는 업무상과실치사 혐의로 기소했습니다.

토사 붕괴 사고의 경위는…

채석장에서 골재를 채취하는 작업은 크게 두 가지 공정으로 진행됩니다. 우선 암석에 구멍(천공)을 뚫어 폭약을 설치한 후 발파를 합니다.

암석을 채취하는 채석 공정이 진행되고, 이후 채취된 암석을 적정한 크기로 잘게 부수는 조쇄 공정이 진행됩니다. 위와 같은 공정을 통해 자갈과 모래가 생산되는데, 그 과정에서 폐기물에 해당하는 석분토(슬러지 또는 진흙)가 배출되며, 이런 석분토는 야적장에 쌓였다가 추후 채석이 완료되면 채석장을 복구하는 데 사용하게 됩니다.

S산업 양주 채석장의 경우 1990년대 후반부터 약 20년 이상 채석을 진행했습니다. 따라서 상당한 양의 석분토가 배출돼 사업장 내 야적장에 쌓이게 됐습니다. 그러던 중 양주 채석장의 생산량이 점차 줄어들자 2021년경부터 석분토 야적장의 하부 골재도 채취하기 시작했습니다. 야적된 석분토의 하부를 조금씩 걷어내면서 하부 골재를 채취하는 작업이 이뤄졌습니다.

이 사건 사고 당일에도 피해자들은 석분토 야적장 하부에서 천공 작업 등 골재 채취 작업을 진행하고 있었습니다. 상부에서 갑자기 석분토가 무너져 내려 토사 약 30만㎡(25t 트럭 약 1만8000대 분량)가 피해자들을 덮쳤고, 피해자들은 이를 피하지 못해 사망에 이르렀습니다.

중대재해처벌법 관련 주요 쟁점 (1)
경영책임자 등

중대재해처벌법은 '사업주' 또는 '경영책임자 등'에게 재해 예방을 위한 '안전보건관리체계의 구축과 그 이행에 관한 조치'를 할 의무를 부여합니다. 이를 위반해 중대재해가 발생한 경우 해당 사업주 또는 경영책임자 등을 처벌하도록 하고 있습니다(중대재해처벌법 제4조 내지 제6조, 제9조 내지 제10조). 여기서 '경영책임자 등'이라 함은 '사업을 대표하고 사업을 총괄하는 권한과 책임이 있는 사람 또는 이에 준해 안전보건에 관한 업무를 담당하는 사람'을 말합니다(중대재해처벌법 제2조 제9호).

일반적으로 거의 대부분의 사건에서 대표이사가 중대재해처벌법 위반 혐의의 피의자로서 수사의 대상이 되고 있습니다. 그런데 이 사건의 경우, 검찰은 S그룹의 회장을 혐의자로 지정했습니다. 이유는 다음과 같습니다. ① 30년간 채석 산업에 종사해온 전문가로서 사고 현장의 석분토 야적장 설치와 그 채석 작업 방식을 최종 결정했다는 점 ② 특히 사고 현장에서 채석 작업이 계속될 경우 사면 기울기가 가팔라지고 채석을 위한 반복적인 발파 진동으로 사면의 불안정성이 높아질 수밖에 없음을 알고 있었다는 점 ③ 그럼에도 생산 목표를 달성하기 위해 채석 작업을 강행하는 과정에서, S산업 대표이사 등 임직원에게 안전보건 업무 등에 관한 구체적인 지시를 하는 등 실질적·최종적 의사 결정권을 행사했다는 점 ④ S그룹은 채석부터 레미콘 생산과 판매까지 계열화된 기업집단으로서 회장이 직접 주요 사항을 결정했다는 점 등이죠. 검찰은 위 4가지 이유를 근거로 S그룹 회장을 S산업의 경영책임자라고 판단했습니다.

아직까지 이 사건에 대한 법원의 판단은 이뤄지지 않았습니다. 다만, 검찰은 대표이사·회장 등 소속과 직함에 관계없이 사안에 따라 경영책임자의 요건을 개별적으로 판단하겠다는 입장을 밝혔습니다. 해당 기업의 구체적인 경영 방식, 안전보건 업무에 관한 보고·승인·실행 체계 등 실질적인 관계를 살펴 안전보건 업무에 관한 실질적·최종적 권한을 행사하는 사람을 경영책임자로 봐야 한다는 입장을 분명히 했습니다. 앞으로도 이런 수사 기조는 계속 유지될 것으로 보입니다.

또한 중대재해처벌법 시행 이후 최고안전책임자(CSO·Chief Safety Officer)를 선임하는 기업들이 증가하고 있으나, 거의 대부분의 사례에서 노동청·검찰 등 수사기관은 CSO를 경영책임자 등으로 인정하지 않고 있습니다.

중대재해처벌법 관련 주요 쟁점 (2)
안전보건관리체계 구축 의무

이 사건에서는 중대재해처벌법 시행령 제4조 제3호 유해·위험요인 확인·개선 절차 마련 의무와 제8호 중대산업재해를 대비한 매뉴얼 마련 의무의 이행 여부가 쟁점으로 떠올랐습니다. 검찰의 입장은 다음과 같습니다. S산업 대표이사 등은 양주 채석장의 가채량 부족을 해결하고자 석분토 야적장을 석채 채취장으로 변경했습니다. 이때 석분토 사면 상부에서부터 석분토를 걷어내며 골재를 채취하기로 하고 채석 변경을 신고했으나, 실제로는 비용 문제로 인해 야적장 하부에서부터 채석을 하도록 했습니다.

하부 채석을 하려면 굴착면 기울기를 45도 이하로 유지해야 하나 굴착면 기울기가 53도에 이르러 붕괴 위험이 증가했습니다. 또 2022년 1월 19일과 1월 25일경 석분토가 무너져 내리는 사고가 이미 있었습니다. 위험요인을 인식하고 있었음에도, 경영책임자인 S그룹 회장이 그런 위험요인에 대한 적절한 안전조치를 취할 수 있도록 위험성 평가 절차와 중대재해 대응 매뉴얼을 제대로 갖추지 않아, 피해자들을 사망에 이르게 했다는 설명입니다. 결국 경영책임자 등으로서는 단순히 위험성 평가 절차, 중대재해 대응 매뉴얼 등 안전보건관리체계를 형식적으로 갖추는 것을 넘어, 예견 가능한 위험에 대한 대응 조치를 포함하여 안전보건관리체계의 이행에 관한 조치의무도 폭넓게 요구될 수 있다는 점을 유념할 필요가 있습니다.

건설 현장에서 사람이 떨어졌는데…

중대재해처벌법이 시행된 후 2023년 4월 13일, 처음으로 중대재해처벌법 위반 사건에서 법원 판결이 선고됐습니다(의정부지방법원 고양지원 2023년 4월 6일 선고 2022고단3254 판결). 중대재해처벌법이 제정되면서 예정됐던 바에 따라, 하청업체 소속 근로자의 재해에 대해 원청업체인 도급인의 대표이사가 처벌된 제1호 법원 판결 사례입니다.

판결문에는 어떤 내용이 담겼나

해당 사건은 병원 증축 공사 현장에서 고정 앵글을 운반하는 과정에서 일어났습니다. 16.5m의 높이에서 한 줄 걸이로만 고정 앵글을 들어 올리다가 고정 앵글이 바닥으로 떨어지자 그 반동으로 작업자 하청 근로자가 추락

해 사망한 사안입니다. 법원은 도급인 회사의 대표이사에게 중대재해처벌법위반(산업재해치사)죄로 징역 1년 6월에 집행유예 3년을, 도급인 회사와 수급인 회사의 각 현장 소장에게 업무상과실치사와 산업안전보건법위반죄로 각 징역 8월에 집행유예 2년을, 도급인 회사 안전관리자에 대해 업무상과실치사로 벌금 500만원을 각 선고했습니다. 아울러 양벌규정에 따라 도급인 회사에 중대재해처벌법위반(산업재해치사)죄와 산업안전보건법위반죄로 벌금 3000만원을, 수급인 회사에는 산업안전보건법위반죄로 벌금 1000만원을 각 선고했습니다.

해당 판결에서 법원은 도급인 회사의 경영책임자인 대표이사가 중대재해처벌법에 따른 안전보건 확보의무 중 ① 유해·위험요인 확인과

병원 증축 공사 도급 구도

- C○○ ─── C회사 증축 공사 도급
  - A사(상시근로자 40명, 도급액 81억원)
    - 대표이사: 가○○
    - 현장 소장(안전보건관리책임자): 나○○
    - 안전관리자: 다○○
  - B사(상시근로자 5명, 도급액 6억원) ─── 철골 공사 부분 하도급
    - 대표이사: 라○○
    - 현장 소장(안전보건관리책임자): 마○○

*B사는 도급액이 50억원 미만으로 중대재해처벌법 적용 유예(2024년 1월 26일까지)

개선 업무 절차(시행령 제4조 제3호) ② 안전보건관리책임자 등이 해당 업무를 충실하게 수행하는지 평가하는 기준(시행령 제4조 제5호) ③ 중대산업재해가 발생하거나 발생할 급박한 위험이 있을 경우에 대비한 비상 대응 매뉴얼(시행령 제4조 제8호)을 마련하지 아니해 중량물 취급 작업에 관한 작업계획서 작성, 안전대 지급 등 조치가 이뤄지지 못한 결과, 이 사건 사고가 발생했다고 판단했습니다.

해당 판결의 의미와 비판적 검토

해당 판결은 중대재해처벌법 위반으로 처음 판결이 선고되는 사례였습니다. 덕분에 중대재해처벌법위반죄 사안에 대한 법원의 시각을 들여다볼 수 있는 사례로 주목을 받았습니다.

해당 판결의 경우, 중대재해처벌법이 예정한 바에 따라 도급인 회사의 대표이사에게 형사처벌이 부과됐습니다. 또 기소된 관계자들 중 가장 무거운 형이 선고됐습니다. 그리고 고용노동부 등 수사기관이 제시한 2단의 인과관계(즉 중대재해처벌법상 안전보건 확보의무 위반 → 산업안전보건법상 안전조치의무 위반 → 사망 사고 발생)의 구조로 유죄를 인정했다는 점에서 의미가 있습니다.

다만 본 사안에 대한 재판은 사실상 자백 사건으로 진행됐습니다. 검찰이 기소한 공소사실을 법원이 적극적으로 면밀한 법리적 판단하에 유무죄의 당부를 가리기에는 다소 한계가 있었던 사안으로 보입니다. 특히 아래 쟁점의 경우, 법리적으로 모호한 측면이 있습니다. 다른 사안들에서도 비슷한 논란이 계속되고 있어, 비판적 견해에도 주목할 필요가 있습니다.

첫째, 형사법적 인과관계를 너무 손쉽게 인정했다는 점입니다. 해당 판결은 1) 유해위험 요인 확인과 개선 절차를 마련하지 않아 작업계획서가 작성되지 않았다는 점 2) 안전보건관리책임자 등에 대한 평가 기준을 마련하지 않아 작업계획서가 작성되지 않았다는 점에 관한 인과관계를 인정했습니다. 법령의 모호한 부분 등 공백을 법원의 해석으로 너무 폭넓게 메운 것 아닌가 하는 비판이 있습니다.

둘째, 작업계획서 작성, 안전대 등 보호구 지급 관련, 도급인의 안전조치의무를 수급인의 안전조치의무와 사실상 동일하게 인정해 그 범위를 확장시킨 점입니다. 도급인은 관계수급인 근로자가 도급인의 사업장에서 작업을 하는 경우 안전보건조치를 이행하도록 돼 있지만(산업안전보건법 제63조), 그 구체적 내용을 하위 법령에서 규정하고 있지 않습니다. 사업주의 안전조치의무(산업안전보건법 제38조)와 구분이 모호한 상태입니다. 고용노동부는 도급인과 수급인의 각 안전조치의무를 사실상 동일하게 해석해왔는데, 법원도 이에 너무 쉽게 동조한 것은 아닌지 의문이 있습니다.

셋째, 관리감독자가 아닌 안전관리자에게 업무상과실치사의 책임을 물은 점입니다. 산업안전보건법상 안전관리자는 안전 관련 기술적인 사항에 관해 사업주 또는 안전보건관리책임자를 보좌하고 관리감독자에게 지도·조언하는 업무를 수행하는 사람입니다. 관리감독자는 소속 직원을 직접 지휘 감독하는 직위에 있으면서 설비 등 안전 점검과 이상 유무 업무, 보호구 등 점검과 착용과 관련한 교육, 지도 업무 등을 직접적으로 수행하는 직책입니다. 그럼에도 관리감독자를 배제한 채 안전관리자에게만 형사 책임을 묻는 것은 안전 업무를 안전관리자만의 책임이라고 잘못 판단한 데 기인한 것으로 보입니다.

주의해야 할 점은 무엇인가

중대재해처벌법이 시행됨으로써 산재 사망 사고는 이제 더 이상 현장에서만의 문제가 아니게 됐습니다. 더욱이 한 회사에서 사망 사고가 이어지는 경우 경영책임자인 대표이사에게 실형 등 중형이 선고될 가능성도 배제할 수 없습니다. 이렇듯 엄중한 형사처벌, 회사 운영상의 불이익이 예정되는 만큼 유무죄의 판단은 더욱더 원칙에 입각해 이뤄져야 할 것입니다.

산재 사고 예방이 최우선의 목표인 것은 당연합니다. 그렇지만 일단 사고가 발생한 경우라면 수사, 재판 등 형사 절차에서 더욱 면밀하게 법리적 검토가 이뤄져야 할 것입니다. 회사도 당황하지 말고 차분히 법리적 대응이 가능한지를 고민해볼 필요가 있습니다.

같은 과오를 범하지 않기 위한 교훈

낙하한 중량물에 맞아 사망한 근로자

이 사건은 최초로 원청사의 대표이사가 법정 구속된 사건입니다. 창원지방법원 마산지원은 2023년 4월 26일 원청사인 H회사 대표이사인 피고인 갑에게 중대재해처벌법위반죄, 산업안전보건법위반죄, 업무상과실치사죄로 징역 1년의 실형을 선고하고 법정 구속했습니다(창원지방법원 마산지원 2023년 4월 26일 선고 2022고합95 판결). 한편 하청업체 B회사의 대표인 피고인 을은 산업안전보건법위반죄, 업무상과실치사죄로 징역 6월에 집행유예 2년을 선고받았습니다. 이 판결은 2023년 12월 28일 대법원에서 상고 기각돼 최종 확정됐습니다.

이 사건은 무게 1220kg에 달하는 방열판 상부에 섬유 벨트를 끼워 양 끝 고리를 크레인 훅에 걸어 방열판을 들어 올리는 중량물 양중 작업을 하던 중 섬유 벨트가 끊어져 피해자가 낙하한 방열판에 깔리게 된 사고입니다. 피해자는 병원으로 이송돼 치료를 받았으나 대퇴동맥 손상에 의한 실혈성 쇼크로 사망했습니다.

대표이사를 구속한 판결의 취지는

법원은 피고인 갑, 을의 산업안전보건법위반죄, 업무상과실치사죄를 인정했습니다. 이유는 다음과 같습니다. 첫째, 중량물 취급 작업을 하는 경우 추락, 낙하, 전도, 협착 위험을 예방할 수 있는 안전 대책을 포함한 중량물 취급 작업계획서를 작성하고, 그 계획에 따라 작업해야 함에도 위 작업계획서를 작성하지 않은 점입니다. 둘째, 방열판의 무게를

안전보건 확보의무를 게을리하면 중대재해처벌법의 처벌 대상이 될 가능성이 높다. 사진은 공사 현장 모습. (매경DB)

견딜 수 있는 안전한 중량물 취급 용구를 마련하고 수시로 점검해야 함에도, 오래돼 표면이 딱딱하고 불티에 용해되거나 긁힌 흠이 있는 등 심하게 손상되고, 기본 사용하중 표식도 없어져 안정성을 알 수 없는 섬유 벨트를 사용한 점입니다. 셋째, 중량물 양중 작업 시 중량물과 근로자 사이에 안전거리를 둬야 함에도, 피해자에게 지나치게 근접해 방열판을 인양한 점입니다. 이런 관리자들의 부주의를 사고의 원인으로 인정했습니다.

또한, 피고인 갑의 중대재해처벌법위반죄에 대해서도 인정했습니다. 관리자는 안전보건

관리책임자 등이 관련 업무를 충실하게 수행하는지를 평가하는 기준을 마련하고, 그 기준에 따라 안전보건관리책임자 등을 반기 1회 이상 평가, 관리해야 합니다. 또한 제3자에게 업무의 도급, 용역, 위탁 등을 하는 경우에는 도급, 용역, 위탁 등을 받는 자의 산업재해 예방을 위한 조치 능력과 기술에 관한 평가 기준, 평가 절차에 관한 기준을 마련한 후 그 기준과 절차에 따라 도급이 이뤄지는지를 반기 1회 이상 점검해야 합니다. 그러나 이를 위반해 안전보건관리체계의 구축과 그 이행에 관한 조치를 하지 않았다고 판단한 것입니

다. 위와 같은 의무 불이행으로 인해 이 사건 사고가 발생했다고 봤습니다.

또한, 법원은 이 사건 사업장에서 안전조치 의무 위반 사실이 여러 차례 적발되고 산업재해 사망 사고까지 발생하는 등 위 사업장에 종사자의 안전권을 위협하는 구조적 문제가 있었던 것으로 보이는 점을 지적했습니다. 위와 같은 상황에서도 여전히 안전보건 확보의무를 제대로 이행하지 않아 그 죄책이 상당히 무겁다고 판시했습니다.

인과관계를 너무 손쉽게 인정했다는 비판도

이 사건 판결은 법원이 원청사의 대표이사를 최초로 법정 구속하면서 중대재해처벌법 위반 사건의 중대성을 강조한 사례라고 할 것입니다. 다만 이 사건 재판은 자백 사건으로 진행됐기 때문에 중대재해처벌법상 의무 불이행과 피해자의 사망 간의 인과관계에 대해 면밀한 판단이 이뤄졌는지 다소 의문이 있습니다.

중대재해처벌법상 형사처벌을 위해서는 동법 제4조 내지 제6조 등에서 규정한 경영책임자 등의 안전보건 확보의무 위반과 중대재해의 결과 사이에 인과관계가 인정돼야 합니다. 따라서 중대재해처벌법위반죄로 처벌하기 위해서는 '법에서 요구하는 안전보건 확보의무

에 따른 조치를 이행했더라면 중대재해의 결과가 발생하지 않았을 것'이라는 판단이 가능해야 하는 것입니다.

이 사건 사고의 원인 중 직접적인 원인은 손상된 섬유 벨트에 샤클(쇠고랑)을 끼우지 않고, 표면이 날카로운 고리에 직접 연결한 행위라고 할 것인바, 안전·보건 '조치'의무를 위반한 점은 명백해 보입니다. 그러나 공소사실에 적시된 안전·보건 '확보'의무 위반 사항, 즉 ① 안전보건관리책임자 등을 평가하는 기준을 마련하지 않은 점 ② 하청업체의 산업재해 예방을 위한 조치 능력과 기술에 관한 평가 기준과 절차를 마련하지 않은 점이 위 안전·보건 '조치'의무 위반의 원인이 되는지에 대해서는 인과관계를 너무나 손쉽게 인정했다는 비판적 견해가 있습니다. 특히, 법원도 양형 사유에서 '피해자에게도 이 사건 사고 발생 또는 피해 확대에 어느 정도의 과실이 있다'고 판시했습니다. 만일 이 사건 사고 당시 피해자의 돌발 행동이 있었다면, 인과관계 인정 여부에 대해서는 더욱더 면밀히 따져봤어야 할 것입니다.

중대재해처벌법의 취지를 고려할 때 경영책임자인 대표이사에게 실형 등 중형을 선고해 엄벌할 필요도 있다고 할 것입니다. 그러나 형사처벌 수위가 무거운 만큼 구성 요건 해당 여부에 대해 면밀히 살펴보는 것이 중요하다고 할 것입니다.

같은 과오를 범하지 않기 위한 교훈

건설 현장이 처참하게 무너지다

중대재해처벌법이 제정·시행되기 직전인 2022년 1월 11일 화요일 오후 3시 46분경, 신축 공사 중이던 광주 화정 I아파트 2단지 201동의 23~38층 대부분이 붕괴했습니다. 작업하던 근로자 6명이 사망하고 1명이 다쳤습니다. 국토부 건설사고조사위원회 조사 결과에 따르면 붕괴 원인은 크게 설계 임의 변경, 동바리 조기 철거, 콘크리트 강도 미달 등 3가지였습니다. 국토부 조사 결과를 토대로 건설 산업과 관련된 각계각층에서 사고의 원인에 대한 분석과 의견을 제시했습니다. 많은 전문가들의 공통적인 의견은 이 사건 사고는 우리나라 건설 산업의 구조적 문제들이 복합적으로 작용해 발생한 사고라는 것이었습니다. 사건 사고의 환경·구조적 발생 원인으로 ① 건설노조에 의해 지역 중소 레미콘사의 검

증되지 않은 제품이 납품되는 구조적인 문제 ② 구조 설계와 검토를 소홀히 여기는 관행과 이를 통제하는 시스템의 부재 ③ 감리의 독립성을 보장하는 장치가 없는 상황에서 제대로 된 관리·감독을 기대할 수 없는 현실적인 문제점 등이 지적됐습니다.

중대재해처벌법 제정을 촉진한 사고

한편 검찰은 아파트 시공사, 하청사와 감리사 관계자 21명을 기소했고, 현재 관련 형사 1심 재판(광주지방법원 2022고합135)이 진행 중에 있습니다. 검찰이 시공사 현장 소장에 대해 적용한 죄명은 업무상과실치사상, 주택법·건축법·산업안전보건법 위반이었습니다. 시공사에 적용된 죄명은 주택법·건축법·건설기

술진흥법·산업안전보건법 위반이었으며 감리사에 대한 죄명은 주택법·건설기술진흥법 위반이었습니다. 위 사고가 중대재해처벌법 시행 전에 발생해 중대재해처벌법이 적용되지 않는 관계로 관련 형사처벌 수위가 높지 않을 것으로 알고 있는 경우가 많습니다. 그러나, 실제 주택법 제98조, 건축법 제106조와 건설기술진흥법 제85조에 따르면 "공동주택의 내력 구조부(건축물의 기초와 주요 구조부, 시설물의 구조에서 주요 부분)에 중대한 하자(손괴)를 일으켜 사람을 죽음에 이르게 하거나 다치게 한 건축주, 설계자, 시공자, 감리자에 대해서는 무기징역 또는 3년 이상의 징역을 처한다"고 규정하고 있습니다. 중대재해처벌법은 중대산업재해 또는 중대시민재해로 인해 사망자가 1명 이상 발생한 경우 1년 이상의 징역 또는 10억원 이하의 벌금에 처하도록 규정하고 있습니다. 적어도 주요 구조부의 중대한 하자로 인한 근로자 사망 또는 상해 관련해서는 기존 건설관계법령상 법정형이 중대재해처벌법상 처벌 수위보다 훨씬 더 무겁습니다.

그렇다면 정부는 왜 중대재해처벌법을 제정해 시행하게 된 걸까요. 그 답은 기존 주택법·건축법·건설산업기본법·건설기술진흥법상 형사처벌 규정은 건축주, 시공사, 설계사, 감리사의 대표이사(경영책임자)에게까지는 미치지 못하기 때문입니다. 대부분 안전보건관리책임자(현장 소장)에게만 적용되는 한계가 있습니다. 이에 작업 현장에서 구체적인 안전보건 조치가 제대로 이뤄지지 않아 중대재해가 발생하는 경우 관련 안전보건조치가 제대로 이뤄지도록 관리감독하지 않은 경영책임자(회사의 대표이사, 공공 발주기관의 기관장 등)를 처벌하기 위해 중대재해처벌법을 제정하게 된 것입니다.

광주 I아파트 붕괴 사고를 계기로 중대재해에 대한 책임은 안전보건의무를 위반한 관련자에 대한 형사처벌로 끝나는 것이 아니라 민사, 행정상 무한책임을 져야 함이 분명해졌습니다. 시공사와 감리사 등은 피해자와 유족에 대한 손해배상 책임은 물론 철거·재시공과 분양 지연과 관련한 천문학적인 비용을 부담해야 합니다. 또한 건설산업기본법과 건설기술진흥법 등 관계법령에 따른 등록말소(취소)와 영업정지 처분의 부과 대상이 됩니다. 실제 경기도는 이 사건 사고 조사 결과 발표 이후 곧바로 건설기술진흥법에 따른 영업정지 처분 절차를 밟아 2022년 9월 감리사에 대해 12개월의 영업정지 처분을 부과(현재 해당 처분은 법원 결정으로 집행이 정지된 상태에서 취소소송 진행 중에 있음)했습니다. 서울시 역시 이 사건 시공사에 대한 건설산업기본법에 따른 행정제재(건설업 등록말소 또는 12개월 영업정지 처분)를 부과하는 절차를 진행했습니다. 다만, 광주지방법원에서 진행 중인 형사 1심 판결 결과를 확인한 이후에 시공사에 대한 행정제재

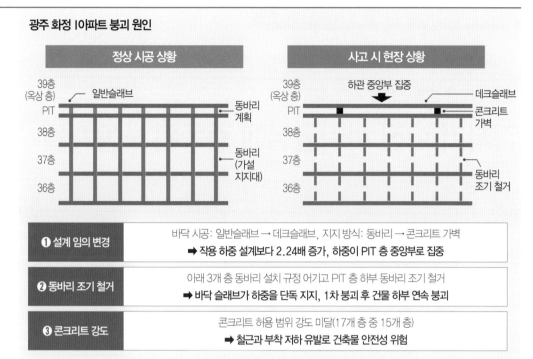

광주 화정 I아파트 붕괴 원인

정상 시공 상황	사고 시 현장 상황

정상 시공 상황:
- 39층 (옥상 층)
- PIT
- 38층
- 37층
- 36층
- 일반슬래브
- 동바리 계획
- 동바리 (가설 지지대)

사고 시 현장 상황:
- 39층 (옥상 층)
- PIT
- 38층
- 37층
- 36층
- 하관 중앙부 집중
- 데크슬래브
- 콘크리트 가벽
- 동바리 조기 철거

❶ 설계 임의 변경	바닥 시공: 일반슬래브 → 데크슬래브, 지지 방식: 동바리 → 콘크리트 가벽
	➡ 작용 하중 설계보다 2.24배 증가, 하중이 PIT 층 중앙부로 집중
❷ 동바리 조기 철거	아래 3개 층 동바리 설치 규정 어기고 PIT 층 하부 동바리 조기 철거
	➡ 바닥 슬래브가 하중을 단독 지지, 1차 붕괴 후 건물 하부 연속 붕괴
❸ 콘크리트 강도	콘크리트 허용 범위 강도 미달(17개 층 중 15개 층)
	➡ 철근과 부착 저하 유발로 건축물 안전성 위험

*자료: 국토교통부 건설사고조사위원회

를 진행하기로 결정했습니다. 한편, 이 사건 사고 조사 결과 발표 직후 국토부는 서울시에 이 사건 시공사의 건설업 등록을 말소할 것을 요청했습니다. 서울시가 시공사에 대한 등록말소 처분 부과와 관련해 신중한 입장을 취하자 국토부는 2022년 8월 4일 이후 발생한 사고부터는 국토부 장관이 고의·과실로 건설 공사를 부실하게 시공, 중대 건설 현장 사고를 발생시킨 건설 사업자에 대해 직접 해당 처분을 할 수 있도록 건설산업기본법 시행령을 개정했습니다(건설산업기본법 시행령 제86조 제1항 제9의2호와 제10호 참조).

광주 I아파트 신축 현장 붕괴 사고는 2021년 6월 9일에 발생한 광주 학동 철거 건물 붕괴 사고의 충격과 여운이 남아 있는 상황에서 발생했습니다. 연이어 터진 대형 참사를 통해 안전과 품질을 담보할 수 없는 대한민국 건설 현장의 구조적인 비리와 부실이 적나라하게 드러나게 된 것입니다. 결국 광주 I아파트 붕괴 사고는 중대재해처벌법의 제정과 시행(2022년 1월 27일)을 정당화하는 결정적인 동기와 명분을 제공했습니다. 이뿐 아니라 비용 절감과 기간(공기) 단축을 최고 목표로 삼고 있던 산업 현장의 문화와 분위기를 완전히 바꿔놓는 계기가 됐습니다. 실제 2022년을 기점으로 정부는 비용 절감보다는 안전과 품질을 추구하는 방향으로 제도를 개선하고 있습니다. 산업계 역시 환경과 여건이 허락하는 범위 내에서 중대재해와 부실시공을 최소화하기 위해 최선의 노력을 경주하는 중입니다.

같은 과오를 범하지 않기 위한 교훈

갑자기 퍼진 화학물질에 중독된 노동자들

2022년 2월, 갑이 대표이사로 있는 경남 창원 소재 A사와 B사 두 업체의 소속 근로자 총 16명이 독성 간염에 걸린 사고가 발생했습니다. 뒤이어 을이 운영하는 경남 김해 소재의 C사 소속 근로자 13명도 독성 간염의 증상이 있다는 보도가 이어졌습니다. 사건의 전말을 들여다보니, 위 업체들은 모두 경남 김해 소재의 병이 운영하는 화학물질 제조업체 D사로부터 세척제를 구매했습니다. 이를 국소배기장치가 설치되지 않거나 적정 성능을 갖추지 못한 사업장에서 사용한 결과, 소속 근로자들이 '트리클로로메탄'이라는 유해화학물질이자 관리대상 유해물질에 노출돼 발생한 사고였습니다.

중대재해처벌법이 '동일한 유해요인으로 급성중독 등 대통령령으로 정하는 직업성 질병자가 1년 이내에 3명 이상 발생하는 경우'를 중대산업재해의 하나로 규정하면서(제2조 제2호 다목), 화학물질관리법상의 '화학 사고'가 아니라도, 경영책임자 등에게 중대재해처벌법위반죄는 성립할 수 있는 새로운 입법례가 마련됐습니다. 화학물질로 인한 산업재해 예방 조치와 법률적 대응체계 마련의 중요성이 더욱 커진 것입니다.

직업성 질병에 따른 중대재해법 적용 여부가 핵심 쟁점

2022년 2월 발생한 이번 사고도 무엇보다 직업성 질병에 따른 중대재해처벌법의 적용 여부가 핵심 쟁점이었습니다. 부산지방고용노동청과 창원지청은 12시간 가까이 해당 사업

최근 10년간 연도별 화학물질 사고 발생 현황

(단위:건)

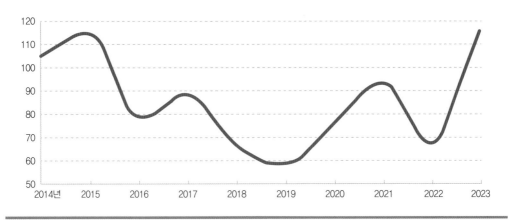

장에 대한 신속한 압수수색을 단행했습니다. 검찰의 구속영장 청구가 이어지는 등 매우 강도 높은 수사가 이뤄졌습니다. 사건의 진행 경과는 시시각각 언론의 높은 관심과 함께 대대적인 보도로 이어졌습니다.

검찰은 사고 발생 후 약 4개월이 지난 2022년 6월 ① A사와 그 대표이사인 갑을 안전보건관리체계를 마련하지 아니했다고 봐 '최초'로 중대재해처벌법위반죄 등으로 기소하고 ② C사와 그 대표이사 을은 산업안전보건법위반죄 등으로 ③ D사와 그 대표이사인 병은 화학물질관리법위반죄 등으로 각 기소했습니다.

여기서 주목할 것은, A사와 C사는 D사로부터 동일한 성분이 함유된 세척제를 사용하였음에도, 중대재해처벌법으로 기소된 것은

A사와 그 대표이사뿐이라는 것입니다. C사는 노사가 참여하는 산업안전보건위원회를 개최해 작업 환경에 관한 근로자들의 의견을 청취하고, 상호 개선 절차를 논의한 사실, 위험성 평가를 실시한 후 국소배기장치의 유속 증가나 세척 등의 조치를 취한 사실 등을 인정받았습니다.

C사는 중대재해처벌법위반죄에 대해 '불기소 처분(무혐의, 증거불충분)'을 받았습니다. 중대산업재해가 발생하더라도, 안전보건 확보의무를 이행하면, 중대재해처벌법으로 처벌될 수 없다는 형사법의 기본원칙을 확인할 수 있는 대목입니다.

2022년 7월 20일경 첫 재판이 열린 이후 10여차례에 걸친 기일이 진행되면서, 법정 공방이 매우 치열했습니다. A사와 그 대표이사

갑은 ① 유해위험요인 확인·개선 절차와 관리감독자의 업무 수행 평가 기준 등을 마련했다는 점 ② 세척제 제조업체 D사가 허위로 작성한 물질안전보건자료로 인해 트리클로로메탄의 존재를 인식하지 못한 것 등으로 발생한 사고라고 주장했습니다. 검찰의 공소사실을 부인했습니다.

실질적인 안전 예방책 마련해야

중대재해처벌법이 규정한 유해위험요인의 확인·개선 절차는 사업장의 고유한 특성을 반영해 체계적으로 마련돼야 합니다. 안전보건관리책임자 등의 업무 수행 평가 기준은, 실질적인 평가가 이뤄질 수 있도록 구체적이고, 세부적이어야 합니다.

법원은, "A사의 안전보건 관리 규정과 위험성 평가 매뉴얼 등은 일반적인 내용일 뿐이고, A사가 의무이행의 자료로 제출한 인사평가 실시 계획과 결과 보고 서류 등도 통상적인 관리직 직원에 대한 내용에 불과하다"고 지적했습니다.

또한 A사의 경영책임자가 안전보건관리체계 구축 의무를 제대로 이행했더라면, 산업안전보건법이 정한 성능을 갖춘 국소배기장치 등이 설치됐을 것이라고 내다봤습니다. 국소배기장치가 설치되지 않은 사정이 이 사건 사고 발생에 상당한 영향을 미쳤을 것이 명백하다고 봐, 이른바 2단의 인과관계에 따른 상당인과관계를 인정했습니다.

결국 법원은 기소 후 약 1년 4개월이 지난 2023년 11월 3일, 위 주장을 모두 배척했습니다. 갑에게는 징역 1년, 집행유예 3년과 320시간의 사회봉사명령을, A사에는 양벌규정에 따라 2천만원의 벌금을 선고하며 중대재해처벌법위반죄를 유죄로 인정했습니다. 이 사건을 통해 화학물질로 인한 사회적 관심과 경각심은 커졌지만, 최근 10년간의 연도별 화학물질 사고 현황을 살펴보면, 2019년 일부 감소세를 보이다가 이후 다시 증가해 2023년부터 가파른 상승세를 보이고 있습니다.

화학물질을 취급하는 사업장을 운영하는 사업주와 경영책임자 등은 관련 법령을 정확하게 이해할 필요가 있습니다. 필요한 경우 안전보건과 법률 전문가의 도움을 적극 활용해야 합니다. 이로써, 종사자에게 해당 물질의 정보를 알려 이를 안전하게 사용할 수 있도록 하고, 특수건강진단의 실시 등 보건관리에 만전을 기하는 게 필수입니다. 안타깝게 발생한 사고는, 초기부터 신속하고 체계적인 법률 대응을 통해 관련 법적 리스크를 최소화해야 할 것입니다.

하늘에서 철근이 우수수 떨어지다

2022년 3월, 고양 덕양구 소재 상가 신축 공사 현장에서 이동식 크레인을 통해 150개의 철근(약 190kg)이 묶여 인양되던 중, 그 묶음이 풀려 순식간에 8m 아래로 우수수 떨어지는 사고가 발생했습니다. 그 아래에 있던 작업자의 머리를 강타, 작업자가 사망했습니다. D사로부터 상가 신축 공사를 88억원에 도급받은 원청 C사는, 위 공사 중 철근 콘크리트 공사를 약 14억원에 A사에 하도급했는데, 피해자는 위 하청 A사 소속 근로자였습니다. 사업주는 산업안전보건과 안전보건규칙에 따라 소속 근로자가 공사 현장에서 중량

크레인 작업 중
중대재해
40% 이상
줄걸이 작업 중
발생

물을 취급하는 작업을 할 경우, 작업계획서를 작성해야 합니다. 동시에 작업지휘자를 지정, 그 계획에 따라 작업하도록 해야 합니다. 크레인을 사용할 경우, 미리 근로자의 출입을 통제해야 합니다. 철근 조립 등의 작업을 할 경우에는 두 군데 이상 묶어서 수평으로 운반하는 것 역시 핵심적인 안전조치 사항입니다. 이 사건 사고 현장에서는 이런 사안이 모두 지켜지지 않았습니다.

C사의 경영책임자는 나름의 방어 논리를 펼쳤습니다. 안전보건경영 시스템 매뉴얼을 마련하고, 안전보건 관련 초청과 강연을 받았습니다. 위험성

주요 안전조치의무 위반 사항			
작업 유형	중량물 취급 작업	크레인 사용 작업	철근 운반 작업
조치 사항	• 사전조사 · 작업계획서 작성 • 작업지휘자 지정 후 그 계획에 따른 작업	• 근로자의 출입 통제 • 인양 중 하물이 머리 위로 통과하지 않도록 조치	• 양중기로 철근을 운반할 경우, 두 군데 이상 묶어 수평 운반
위반 조항 (안전보건 기준규칙)	제38조 제1항 제11호 · 제39조 제1항	제146조 제1항 제4호	제333조 제2항 제1호

평가 실시와 안전보건관리책임자의 포상 기준 마련 등을 이유로 유해위험요인 확인·개선 절차(제3호)와 안전보건관리책임자 등의 업무 수행 평가 기준(제5호) 마련 의무는 이행했다고 강조했습니다. 설령 위 의무를 위반한 잘못이 있더라도, 중대산업재해라는 결과 사이에 인과관계는 없다고 주장했습니다.

다만, 법원은 안전보건 확보의무 위반 여부에 관해, 실시된 위험성 평가는 모두 형식적이었다는 점, 사고 원인이 된 1줄걸이 작업의 위험을 개선하는 절차도 마련돼 있지 않은 점 등을 이유로 제3호의 위반을 인정했습니다. C사가 만든 안전보건경영 시스템 매뉴얼

핵심 안전수칙

1 실질적인 위험성 평가

2 작업계획서 작성

3 작업지휘자 지정

4 출입 통제

5 수평 유지, 고정 철저

의 부실도 지적했습니다. 일반적인 공사 현장에 관한 것일 뿐이어서, 여기에 안전보건관리책임자 등의 업무 수행 평가 방법과 기준, 포상 기준을 정해뒀더라도, 제5호에 따른 기준을 마련했다고 볼 수는 없다고 판시했습니다.

제3호와 제5호의 이행 여부를 판단할 때는, 형식상의 요건만 강조하면 안 됩니다. 각 사업장의 고유한 특성을 반영해 실질적인 유해위험요인을 확인하고, 이를 개선할 수 있는지, 안전보건관리책임자 등이 각 사업장에서 위 유해위험요인을 평가해 필요한 안전조치를 충실히 할 수 있는 업무 수행 평가 기준이 마련돼 있는지가 가장 중요하다는 점을 상기할 필요가

주요 쟁점에 대한 원청 C사의 주장과 법원 판단			
	원청 C사·경영책임자 주장		1심 법원 판단
안전보건 확보의무 위반 다툼	유해위험요인 확인·개선 절차 마련(제3호)	배척	• 일반적인 매뉴얼 마련, 초청·강연 등은 이 사건 공사 현장 (사업장)의 특성 미반영 • 형식적인 위험성 평가 자료에 불과 • 사고 원인이 된 위험요인(1줄걸이 작업) 개선 절차 부재
	안전보건관리책임자 등의 업무 수행 평가 기준 마련(제5호)		• 공사 현장의 일반적인 기준이 담긴 안전보건경영 시스템 매뉴얼에 정한 평가 기준만으로는 부족 • 안전보건총괄책임자(현장 소장)의 평가 기준 부지
	제9호 위반은 다툼 없이 인정		
인과관계 다툼	위 의무 위반 있더라도, 인과관계 無	배척	• 이 사건 공사 현장의 위험성에 대한 실질적 확인·개선 절차 마련됐다면, 사고 방지 가능성 충분히 有 • 2단의 인과관계에 따른 상당 인과관계 인정

있습니다.

법원은 C사의 경영책임자가 안전보건 확보의무를 제대로 이행하지 않아, 이 사건 공사 현장의 실질적인 위험요인인 1줄걸이 작업의 위험성 개선이 이뤄지지 않는 등 안전조치의무의 위반을 초래했고, 그로 인해 이 사건 사고가 발생했다고 봐, 인과관계를 인정했습니다.

결국, 법원은 2023년 10월 C사의 경영책임자에게 중대재해처벌법위반죄로 징역 1년 6개월, 집행유예 3년을 선고했습니다. 이는 하청 A사 관계자 포함 가장 무거운 형이었습니다.

중대재해처벌법의 시행으로, 과거에 처벌되기 어려웠던 원청의 경영책임자가 가장 무겁게 처벌될 수 있습니다. 따라서, 사업의 경영 차원에서 실효적인 안전보건관리체계를 구축하고, 지속적으로 모니터링하여 미흡한 사항을 개선해야 합니다. 궁극적으로 각 사업장 내 안전관리 역량을 향상시키고, 중대재해를 예방해야 할 중요성이 그 어느 때보다 커지고 있습니다.

3부

안타까운 사고,
책임을 다해 사면받은 이들
(불기소 사례)

안전보건 확보의무를 충실히 이행한 사례

석유화학 공장 열교환기 폭발 사고

2022년 2월 11일 전남 여수 소재 Y석유화학업체(이하 'Y사')에서 폭발 사고가 발생해 4명이 사망하고, 4명이 다치는 대형 사고가 발생했습니다. 이 사건은 2022년 1월 27일 중대재해처벌법 시행 직후 발생한 대형 사고였습니다. 주요 언론에서 중점적으로 보도하는

등 사회적 이목이 집중됐던 사건입니다.

이에 경찰, 노동청, 검찰 등 수사기관에서는 사고 발생 직후부터 2024년 2월경까지 2년 이상 기간 동안 여러 차례 압수수색을 실시하고, 약 50회 이상의 소환조사를 진행했을 뿐 아니라, 고위 임원을 상대로 산업안전

게티이미지뱅크

보건법 위반으로 구속영장을 청구(법원 기각)하기도 하는 등 강도 높은 수사를 진행했습니다.

이 사고는 2022년 2월 11일, 위 Y사 공장 내에서 열교환기 클리닝 작업을 하면서 기압을 이용한 기밀 테스트(LEAK TEST)를 진행하던 중, 열교환기 내 튜브 시트 부분과 플로팅 헤드커버 부분을 연결하는 백킹 디바이스(Backing Device)가 파손되면서 폭발이 발생해 작업자 4명이 사망하고, 4명이 부상을 입었습니다.

본 사건의 수사 경과는 아래 표와 같습니다.

검찰은, 노동청에서 1년 가까이 수사한 후 기소 의견으로 송치한 본 사건을 1년 이상 면밀히 수사한 끝에 공동대표이사 2명 모두에 중대재해처벌법 위반(산업재해치사) 부분에 대해서 아래와 같은 이유로 혐의없음 처분을 했습니다.

어떻게 처벌을 면할 수 있었나

첫째, 검찰은 "수립돼 있는 '안전보건에 관한 경영방침'에 안전보건을 확보하기 위한 실질적이고 구체적인 방안은 포함돼 있지 않아 그 자체만으로 중대재해처벌법 입법 취지에 부합하는 내용으로 보기는 어렵지만, 안전보건에 관한 목표와 경영방침을 다소 포괄적, 추상적으로 설정했다는 사실만으로 곧바로 이 사건 사고 발생의 결과에 대한 상당 인과관계가 인정된다고 단정하기는 부족하다"고

석유화학공장 열교환기 폭발 사고 사건 일지

2022년 2월 11일 이후	경찰(전남청, 여수서), 고용노동부(본부, 광주청), 안전보건공단, 국과수 등 현장·소환조사 노동청·안전보건공단은 공장 내, 경찰은 인근 경찰관서에 임시 사무실(조사실) 설치 율촌도 Y사 공장 내 임시 사무실을 설치하고, 약 3개월간 전문가 상주하며 수사· 언론 대응, 유족 합의, 사고 원인 조사 등 지원
2022년 2월 14일	여수공장에 대해 경찰, 노동청 합동 압수수색
2022년 2월 18일	본사에 대해 노동청 압수수색
2022년 4월 14~26일	공동대표이사 2명에 대해 노동청 피의자 조사(각 2회)
2022년 9월 30일	총괄공장장, 생산팀장, 하청업체 대표 등 3명에 대한 구속영장 청구(법원 모두 기각)
2023년 12월 13~21일	공동대표이사 2명에 대해 검찰 피의자 조사(각 1회)
2024년 2월 29일	공동대표이사 2명의 중처법 위반 혐의에 대해 검찰 불기소(혐의없음) 처분 총괄공장장 등의 산안법 위반, 업무상과실치사상 혐의에 대해서는 불구속 기소(구공판)

*수사기관에서는 2022년 2월 11일부터 약 2년간 2차례 압수수색, 55차례 참고인·피의자 소환조사 실시

판단했습니다.

둘째, 노동청은 "전담조직인 안전보건팀을 구성하고도 열교환기 폭발 사고 발생 시까지 전담인력을 배치하지 않았다"는 이유로 기소 의견으로 송치했습니다. 참고로 중대재해처벌법 시행 당시 Y사는 본사에 안전보건팀 조직을 신설하기로 했으나, 사고 발생 시 인력이 배치되지는 않은 상태였습니다.

이에 대해 검찰에서는 "이 사건 사업장 운영 초기부터 (안전보건팀 외) 여수공장에 환경안전팀을 구성하고 운용하고 있었고, 위 환경안전팀이 안전관리, 재난관리, 안전교육과 훈련, 재해자 지원 업무 등 안전보건에 관한 업무를 전담해 수행하고 있었음이 인정된다"고 판단했습니다. 실제로도 중대재해처벌법상 각종 의무이행을 위한 업무를 위 환경안전팀이 수행해왔습니다.

셋째, 검찰은 "2021년 12월경 이 사업장에 대한 노동청의 공정안전관리(PSM) 이행 평가에서 S등급(양호)을 받은 점, 2021년 5월경 설비 노후화에 대비해 '설비 관리 절차서'를 개정하고 이에 따라 4년 주기로 사업장 내 모든 설비의 대정비를 실시하고 있는 점 등을 참작하면 유해·위험요인 확인과 개선에 관한 업무 절차가 마련돼 있지 않다고 보기 어렵고, 현장 근로자들이 유해·위험요인 확인과 개선 절차를 제대로 준수하지 않았다는 사실만으로 관련 업무 절차를 마련하지 않은 것

과 동일하게 평가할 만큼 형식적인 업무 절차를 마련한 것으로 단정하기는 어렵다"고 판단했습니다.

넷째, 노동청은 "종사자의 안전과 보건 확보를 위해 사업장 특성에 맞는 유해·위험요인을 확인하고 개선하기 위해 필요한 예산을 '별도로' 편성하지 않았다"는 이유로 기소 의견으로 송치했습니다.

이에 대해 검찰에서는 "2022년도 안전보건 관련 예산으로 총 866억원(안전 예산 850억원, 보건 예산 16억원)을 편성했고, 예산의 세부 항목과 항목별 예산액이 상세히 규정돼 있어, 재해 예방 등에 필요한 예산을 편성할 의무를 이행하지 않은 것으로 보기 어렵다"고 판단했습니다.

다섯째, 검찰은 "안전보건관리 규정, 위임전결 규정 등을 마련하고 그 규정에 업무 범위와 권한을 상세히 지정했고, 예산 운영 절차에 관해서도 총괄공장장 등이 집행할 수 있는 예산의 범위가 정해져 있었으며, 필요 시 대표이사 결재를 받아 예산을 충분히 집행할 수 있는 등 절차가 마련돼 있었으므로, 안전보건관리책임자 등의 충실한 업무 수행을 위한 조치를 이행하지 않은 것으로 보기 어렵다"고 판단했습니다.

여섯째, 검찰은 "2021년 12월경 이 사업장에 대한 노동청의 공정안전관리 이행 평가에서 근로자 의견을 주기적으로 확인하고 문제

점에 대해 적절히 조치하고 있다는 취지에서
S등급(양호)을 받은 점, 중대재해처벌법 시행
이전부터 매월 협력업체 안전보건 협의체를
운영하고, 사내 전산 시스템을 통해 근로자들
의 건의 사항을 접수하고 있는 점 등 고려할
때, 종사자 의견 청취 절차가 마련돼 있지 않
다고 보기 어렵다"고 판단했습니다.

일곱째, 검찰은 "2021년 12월경 이 사업
장에 대한 노동청의 공정안전관리 이행 평가
에서 수급업체 선정 시 안전보건 분야에 대
한 평가를 실시하고 그에 따라 적정한 업체를
선정하고 있다는 취지에서 S등급(양호)을 받
은 점, 협력업체 관리 절차서 등 평가 기준과
절차에 대한 규정을 마련하고 있는 점 등 고
려할 때, 수급인 등의 산업재해 예방 조치 능
력 등 평가 기준과 절차가 마련돼 있지 않다고
보기 어렵다"고 판단했습니다.

경영책임자로서 의무이행 철저해야

이 사건의 시사점은 아래와 같습니다.

첫째, 중대재해처벌법상 경영책임자에게 부
여된 의무는 '안전보건관리체계의 구축과 그
이행에 관한 조치 의무' 즉 '관리상의 조치(각
종 제도, 절차, 조직, 예산 등 마련)' 의무라는
것입니다.

즉, 현장 작업자들이 안전보건관리체계 절
차를 미준수한 잘못이 있다고 하더라도, 곧

게티이미지코

바로 경영책임자가 '안전보건관리체계 구축
등 조치의무'를 위반했다고 단정할 수 없다는
것입니다.

둘째, 중대재해처벌법 시행령 각호에서 규
정하고 있는 각종 의무들 중 일부를 위반한
사실이 인정되더라도, 위 의무 위반과 사고
발생의 결과 사이에 상당 인과관계가 인정돼
야 처벌 가능하다는 점입니다.

셋째, 수사 초기 현장 근로자들 진술의 신
빙성이 높게 평가되므로, 사실과 다르거나 불
리한 진술이 이뤄지지 않도록 사고 발생 직후
부터 변호인의 조력을 받는 것이 중요하다는
점입니다. 조사 시(특히 중요 인물 조사 시)
반드시 변호인이 입회해 수사기관에서 제기
하는 문제점을 바로 파악하고, 즉시 이의제기
또는 의견서 제출 등으로 수사기관의 의문점
을 해소하고 사건의 확대를 차단할 필요가 있
습니다.

안전보건 확보의무를 충실히 이행한 사례

건설 현장 추락 사고

현장에서 중대재해가 발생하더라도 경영책임자가 안전보건 확보의무를 충실히 이행하면 처벌받지 않을 수 있습니다.

H건설사가 시공하는 평택 부대동 신축 공사 현장에서 2022년 2월 16일 13시 35분경 협력업체 작업자가 추락하는 사고가 발생했습니다.

이 사건 추락 사고는 캐노피 상부에서 우수받이(빗물받이) 시공 작업을 하던 협력업체 소속 작업자가 착용하고 있던 안전대의 후크를 스스로 안전대 부착 설비에서 분리한 채 이동하다가 발생하게 된 사건입니다. 작업자는 추락 직후 병원으로 후송됐으나 약 2주 뒤 사망에 이르게 됐습니다.

당시 사건 현장에서는 위 우수받이 시공 작업 당시 상황상 안전 발판이나 추락 방호망의 설치가 곤란하다고 판단했습니다.

따라서 차선책으로 안전대 부착 설비를 설치하고 작업자로 하여금 2중 죔줄 형태의 안전대를 착용하도록 한 후 작업을 하도록 지시했습니다.

이 사건 사고는 2022년 1월 27일, 중대재해처벌법이 시행된 지 한 달도 지나지 않은 시점에 발생했습니다. 고용노동부와 경찰과 검찰에서는 사고 관련자들에 대한 강도 높은 수사를 진행했습니다.

이 사건 수사 결과, H건설사의 현장 소장과 안전관리자, 협력업체 현장 소장은 산업안전보건법 위반, 업무상과실치사죄로 기소됐으나, H건설사의 경영책임자의 중대재해처벌법 위반에 대해서는 무혐의 불기소 처분이 됐습니다(협력업체 경영책임자는 공사 금액이 50

억원 미만이어서 중대재해처벌법 적용 대상이 아님).

즉 수사기관은 안전 발판이나 추락 방호망 미설치 관련 산업안전보건법을 위반했고 업무상 과실이 인정된다는 판단을 해 현장관리자들을 기소하면서도, H사 경영책임자에 대해서는 안전보건 확보의무를 충실히 이행했다는 이유로 불기소 처분을 한 것입니다.

즉, 검찰은 H사 경영책임자가 안전보건 확보의무를 위반했다고 보기 어렵다는 판단을 내렸습니다. 15쪽에 달하는 불기소 이유서를 통해 그 근거를 상세히 설명했습니다. 그중 일부를 살펴보면 아래와 같습니다.

유해위험요인을 확인 개선하는 절차 마련 의무 관련(중대재해처벌 등에 관한 법률 시행령 제4조 제3호)

H사 본사의 '위험성 평가 업무지침', 본건 공사 현장의 '위험성 평가 실시규정', 매월 2회 작성되는 '위험성 평가표', 위험 작업 착수 전 작성되는 '위험작업허가서', 매일 작성되는 '일일 위험성 체크시스템' 등을 종합해보면, H사는 본건 공사 현장과 관련해 중대재해처벌 등에 관한 법률 시행령 제4조 제3호가 규정하는 유해위험요인 확인·개선 업무 절차를 마련했다고 볼 수 있다.

이 사건 사고는 이 사건 현장관리자들이 안전 발판이나 추락 방호망을 설치하지 않고 이

중 죔줄이 있는 안전대만으로도 안전성을 확보할 수 있다는 이들의 경솔하고 잘못된 판단에 기인한 것으로 보이고, 실무 담당자의 잘못된 판단을 이유로 경영책임자가 유해위험요인 확인·개선 업무 절차를 마련하지 않았다고 볼 수는 없으며, 달리 본건 공사 현장과 관련하여 유해위험요인 확인·개선 업무 절차가 마련되지 않았다고 볼 자료가 없다.

안전보건관리체계 구축을 위한 예산 편성 집행 의무 관련(중대재해처벌 등에 관한 법률 시행령 제4조 제4호)

본건 공사 현장은 H사가 도급 계약·하도급 계약 체결 당시 산업안전보건법 제72조, 건설업 산업안전보건관리비 계상·사용 기준에 부합하게 산업안전관리비가 책정돼 있었다.

본건 공사 현장은 법령에서 정하고 있는 안전관리자 선임비용, 작업환경측정·각종 안전시설비 항목 등을 산업안전보건관리비로 지출했고 재해 발생 후 현장에 설치된 작업 발판과 추락 방호망 설치비용은 각 300만원에 불과해 산업안전관리비에서 충당이 가능한 범위 내로 판단된다.

개별 공사 현장에서 공정의 마무리 단계의 비교적 간단한 작업과 관련해 수백만원에 불과한 안전관리비 지출은 공사 현장 안전보건관리책임자의 재량적 판단 사항인 점을 감안하면, 본건 공사 현장 안전보건책임자의 안일

게티이미지뱅크

한 판단으로 본건 재해 발생 작업과 관련해 작업 발판 등 설치비를 지출하지 않았다고 해서, 이를 이유로 경영책임자가 안전보건관리체계 구축을 위한 예산 편성 집행 의무를 이행하지 않았다고 볼 수 없다.

이와 같이 현장책임자들이 안전보건 조치의무를 다하지 않아 산업안전보건법 위반이 인정되는 경우에도 경영책임자가 안전보건 확보의무를 다한 경우에는 중대재해처벌법 위반이 성립되지 않을 수 있습니다.

경영체계 구축 땐 전문가 자문 구해야

마지막으로 H사는 중대재해처벌법 시행 이전부터 법무법인의 자문을 받으며 안전보건 경영체계를 구축했습니다. 사고 발생 후 수사대응 과정에서도 동일한 법무법인의 변호를 받은 결과 중대재해처벌법위반으로 보기 어렵다는 검찰의 최종 판단을 받았습니다.

중대재해처벌법에 대비하려는 건설업, 제조업 등 각 회사에서는 법률과 안전 전문가 집단의 세심한 자문을 받으며 꼼꼼하게 준비할 필요가 있습니다.

석유화학 공장 폭발 사고

온산 소재 S정유회사 공장에서 2022년 5월 19일경 알킬레이션 공정(휘발유 첨가제 제조 공정) 정비 작업 중 부탄이 안티서지 밸브로부터 순간적으로 누출됐습니다. 이는 곧 폭발 화재로 이어졌습니다. 협력업체 근로자 1인이 사망하고 9명이 부상당했습니다.

관할 노동청인 부산고용노동청 광역중대재해수사과는 S사의 사고 당시 대표이사와 CSO(최고안전책임자)를 중대재해처벌법상 경영책임자로 특정했습니다. 이어 중대재해처벌법 제4조 제1항 제1호와 동법 시행령 제4조의 안전보건관리체계의 구축과 이행에 관한 조치 중 '유해·위험요인을 확인해 개선하는 업무 절차(제3호)' '중대산업재해가 발생하거나 발생할 급박한 위험이 있을 경우를 대비한 매뉴얼(제8호)'을 마련하지 않아 피재자가

사망에 이르렀다는 이유로, 이들을 중대재해처벌법(산업재해치사) 기소 의견으로 검찰에 송치했습니다. 그러나, 사건을 송치받은 울산지검은 6개월여의 수사 끝에 2023년 8월 11일경 이들 2명의 경영책임자에게 모두 '혐의 없음' 처분을 내렸습니다. 정유생산본부장과 생산운영본부장 등 13명만을 산업안전보건법과 화학물질관리법 위반 혐의로 기소했습니다.

검찰은 먼저, 외국인인 대표이사가 경영책임자의 지위에 있지 않으며, CSO만이 경영책임자라고 판단해, 최초로 CSO를 중대재해처벌법상 경영책임자로 특정했습니다.

검찰은 안전경영책임자가 안전보건에 관한 최종 의사 결정권을 위임받아 실질적으로 행사하고 있는지를 살피면서, 안전경영책임자

겸 SHE본부장으로 선임된 CSO가 사업 또는 사업장 전반의 안전보건에 관한 조직, 인력, 예산에 관한 총괄, 관리, 최종 의사 결정권을 위임받아 실질적으로 그 권한을 행사한 것으로 보이고 이외에 대표이사가 CSO에 대하여 안전보건 업무에 대해 구체적으로 지시하거나 관여한 것으로 볼 증거가 없다고 판단했습니다.

구체적으로는, 이사회에서 'SHE부문'을 'SHE본부'로 격상하고, CSO에게 기존 대표이사의 권한 중 안전보건에 관한 총괄적이고 최종적인 권한을 위임하기로 의결한 것을 기화로 '위임전결규정'이 개정됐고, CSO가 경영책임자 등의 권한과 책임을 갖는 것으로 명시된 '중대재해 예방 관리 절차'가 마련돼, 실제로 대표이사의 별도 지시 없이 CSO가 전체 사업장의 예산 집행 계획, 실적 등을 보고받아 관리하고 그 최종 결재하에 예산을 집행하는 등 실질적인 경영책임자의 역할을 했다고 판단했습니다.

물론, 대표이사가 산업안전보건법 제14조에 따른 '안전보건계획보고서' 내용과 안전보건 조직 구조가 일치하는지 등을 확인하고, 중대재해처벌법 대비를 위한 IT 시스템 개발 검토를 언급한 사정이 문제가 되기는 했으나, 검찰은 이는 산업안전보건법상 의무에 따른 것일 뿐, CSO에게 안전보건 업무에 관해 구체적으로 지시하거나 보고받은 사실은 없다고 최종 판단했습니다.

검찰은 경영책임자로 특정된 CSO에 대하여도, 문제 된 '유해·위험요인을 확인해 개선하는 업무 절차(제3호)'와 '중대산업재해가 발생하거나 발생할 급박한 위험이 있을 경우를 대비한 매뉴얼(제8호)' 마련 의무를 이행하지 않았다고 보기 어렵다는 이유로 최종 불기소 처분을 했습니다. 그 구체적인 판단 이유는 아래와 같습니다.

유해·위험요인을 확인해 개선하는 업무 절차 마련(제3호)

검찰은, S사에는 유해위험요인 확인과 개선에 관한 절차 규정으로 '안전보건 관리 규정' '위험성 평가 절차' '안전 작업 허가 절차' '협력업체 안전보건 절차' '협력업체 위험성 평가 지침' 등이 존재해 실제로 현장에서 적용되고 실시됐고, 2020년 9월 실시한 공정안전관리(PSM) 이행 평가에서 양호한 평가(S등급)를 받은 점을 고려하면 위 절차 규정들이 실질적 구속력 없이 서류만으로 존재하는 형

식적 규정에 불과하다고 보기는 어렵다고 판단하면서, 이 사건은 해당 절차들이 마련돼 있음에도 불구하고 현장에서 이를 제대로 준수하지 않은 안전조치 위반으로 인한 사고라고 판단했습니다.

중대산업재해가 발생하거나 발생할 급박한 위험이 있을 경우를 대비한 매뉴얼 마련(제8호)

S사에는 '비상조치 계획 절차' '안전보건 관리 규정' 등에 위험물질에 의한 발생 가능한 비상사태를 체계적으로 검토해 비상사태별 시나리오와 대책을 포함한 팀 단위 비상조치 계획을 작성하도록 하고 있고, 실제로 알킬레이션2팀에는 위 비상조치 계획 절차 등에 따라 알킬레이션 공정의 비상사태 발생 시 비상대피발령, 비상경보체계, 대피 방법, 교육 훈련 등에 관한 지침을 마련하고 정기적으로 경보체계와 대피 훈련 등을 실시한 사실이 확인됐다고 판단했습니다. 또한 검찰은 다시 한번 S사가 2020년 9월 실시된 고용노동부의 공정안전관리(PSM) 이행 상태 평가

에서 비상조치 계획에 관해 "최악과 대안의 시나리오 외에 화재, 폭발과 독성물질에 대한 다양한 사고 시나리오를 발굴하고 비상조치 계획을 수립하고, 비상대피 훈련을 실시해 관리하고 있다"는 평가 소견을 받은 점을 들어 이 부분에 대한 위반이 없다고 판단했습니다.

이 사건은 통상 경영책임자로 특정되는 대표이사가 외국인 경영인이라는 점에서 큰 사회적 관심을 자아냈는데, 결국, 회사가 중대재해처벌법 시행 전부터 CSO를 선임하고, 해당 CSO가 별도 대표이사로부터의 지시와 보고 없이 실질적으로 안전보건에 관한 최종 의사 결정 권한을 행사해 예산 등을 집행해온 사실을 입증함으로써, 최초로 CSO가 단독 경영책임자로 특정된 사례라는 점에서 의미를 가집니다.

아울러, 회사 차원에서 안전보건 확보의무 이행으로써 절차와 매뉴얼을 적절히 마련했다는 사실을 효과적으로 입증한 경우라면, 실제 산업 현장에서 이런 매뉴얼을 준수하지 않음으로 인해 안전조치를 위반해 사고가 발생하더라도 경영책임자는 중대재해처벌법상 처벌되기는 어렵다는 점이 다시 한번 확인된 사례며, PMS 이행 평가의 내용이 수사기관의 주요한 판단 근거가 됐다는 점도 주목할 만합니다.

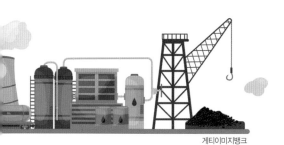

게티이미지뱅크

경영자의 노력에도, 근로자가 무단으로 안전수칙 위반한 사례

에어컨 설치 기사 추락 사고

H솔루텍 직원이 2022년 4월 13일 상가 건물에 설치된 에어컨 실외기를 점검하던 중 추락해 숨지는 안타까운 사고가 발생했습니다.

H솔루텍은 타사가 제조한 시스템에어컨과 공조시스템의 서비스 및 유지보수 업무를 전담하는 회사입니다. 피재자는 에어컨 수리를 위해 방문한 상가의 창문을 뜯고 외부로 나가 14m 높이의 외벽에 설치된 실외기를 점검하던 중 추락했습니다. 병원으로 이송됐으나 약 1시간 뒤 사망했습니다.

고용노동부와 검찰 등 수사기관은 이 사고와 관련해 H솔루텍과 그 대표이사를 각각 산업안전보건법 위반과 중대재해처벌법 위반의 혐의로 수사했습니다. 결국 전부에 대해 '혐의 없음'의 불기소 결정을 내렸습니다.

"중대산업재해가 작업자의 안전수칙 위반으로 발생한 경우라면 경영책임자는 처벌 대상에서 제외될 수 있습니다."

산업안전보건법 위반 혐의에 대해서는, 피의자가 추락 방지 조치의무를 위반했다거나 이로 인해 피재자의 사망이라는 결과를 초래했다고 보기 어렵고, 이 사고에 대한 예견 가능성도 인정되기 어렵다는 것이 불기소 결정의 근거였습니다.

판례에 따르면 사업주를 산업안전보건법위반죄로 처벌하려면 사업주가 안전조치가 미비한 상태에서 작업하도록 해야 합니다. 또 그런 상태에서 작업 중이라는 점을 알면서 이를 방치하는 등 '사업주 자신의 위반행위'로 인정돼야 합니다(대법원 2010년 11월 25일 선고 2009도11906 판결 등).

이 사고의 경우 사업주가 안전수칙을 상세

히 마련해두고 보호구 착용 등에 관한 안전
교육도 성실하게 실시했습니다. 그러나 피재
자가 그 내용에 위반해 센터장의 사전 승인
없이, 고소 작업 차량을 이용하지 않고 단독
으로 보호구도 착용하지 않은 채 이례적인 방
식으로 작업을 진행하던 중 사고가 발생한 것
이어서, 사업주의 혐의를 인정하기 어렵다는
것입니다.

**대법원 2010년 11월 25일 선고 2009도
11906 판결 일부**

사업주에 대한 구 산업안전보건법(2009
년 2월 6일 법률 제9434호로 개정되기 전
의 것 이하 '구법'이라고 한다) 제67조 제1
호, 제23조 제1항 위반죄는 사업주가 자신

이 운영하는 사업장에서 구법 제23조 제1
항에 규정된 안전상의 위험성이 있는 작업
을 규칙이 정하고 있는 바에 따른 안전조치
를 취하지 않은 채 하도록 지시하거나, 그 안
전조치가 취해지지 않은 상태에서 위 작업이
이뤄지고 있다는 사실을 알면서도 이를 방치
하는 등 그 위반 행위가 사업주에 의해 이뤄
졌다고 인정되는 경우에 한해 성립하는 것이
지, 단지 사업주의 사업장에서 위와 같은 위
험성이 있는 작업이 필요한 안전조치가 취해
지지 않고 이뤄졌다는 사실만으로 성립하는
것은 아니다.

*"중대산업재해가 산업안전보건법 위반을 매
개로 하는 경우, 중대재해처벌법위반죄가 인
정되려면 이른바 '2단계의 인과관계'가 필요
합니다."*

경영자가 노력을 다했는데도, 근로자가 무단으로 수칙을 위반한 경우라면 처벌을 받을 가능성이 낮아진다. 사진은 에어컨 실외기를 살피는 노동자 모습. (하이엠솔루텍 제공)

한편, 검찰은 중대재해처벌법 위반 혐의에 대해서는 법령이 정하고 있는 각 의무의 이행 여부를 자세히 거론하지 않은 채 불기소 결정을 내렸습니다.

이 사고는 산업안전보건법이 매개된 중대산업재해입니다. 중대산업재해의 발생과 산업안전보건법상 안전보건 조치의무 위반 사이의 '직접적 인과관계' 외에, 산업안전보건법상 안전보건 조치의무 위반과 중대재해처벌법상 경영책임자 등의 안전보건 확보의무 위반 사이의 '2차적 인과관계'까지 인정돼야 하는 사안입니다. 중간의 연결고리인 산업안전보건법 위반 사실이 인정되지 않으니 어차피 이 사고 발생까지 이어지는 인과관계가 인정될 수 없다는 취지입니다.

순서를 거꾸로 해보면, 우선 경영책임자의 중대재해처벌법상 의무 위반이 사업장에서의 산업안전보건법상 의무 위반을 야기해야 합

니다. 이어 산업안전보건법 위반이 다시 사고의 원인이 된 경우여야 합니다. 두 조건을 모두 만족해야 사고에 대해 경영책임자에게 중대재해처벌법 위반의 책임을 물을 수 있다는 것입니다.

한편, 대법원 소속 연구기관인 사법정책연구원의 중대재해처벌법 관련 현안 보고서 또한 같은 취지에서 이런 경우 '다단계적 인과관계' 입증이 필요하다고 판단합니다. 이를 고려하면, 법원 또한 검찰과 유사한 관점으로 인과관계를 바라보고 있는 것으로 보입니다. 결국, 예기치 못한 현장 작업자의 안전수칙 위반 또는 이례적인 작업 방식 등으로 인해 사고가 발생한 경우라면 사업주는 산업안전보건법 위반의 책임을 면하게 될 가능성이 있습니다. 또, 그 책임이 인정되지 않는다면 경영책임자의 중대재해처벌법위반죄 또한 인과관계가 부인돼 성립하지 않을 수도 있다는 것입니다.

다만, 이 사고에서는 피의자 회사와 대표자가 가능한 안전보건조치를 성실하게 이행했다는 점 또한 불기소 결정의 매우 중요한 근거가 됐습니다. 사업장에서 발생하는 사고에는 대부분 크든 작든 작업자 본인의 과실이 개입되기 마련입니다. 사고에 관한 작업자의 과실 여부와 무관하게 꾸준히 안전보건에 대한 조치의무와 확보의무를 충실히 이행하는 것이 중요할 것입니다.

화물운송 트럭 전복 사고

2022년 2월, 전남 담양에 소재한 제지 제조업체의 사업장에서 고형연료를 싣고 온 트럭이 하차하는 작업을 하던 도중 전도되어 트럭 운전기사가 전도된 차체에 깔려 사망하는 안타까운 사고가 발생했습니다.

위 사고는 관련된 업체들 간 계약관계가 중요했습니다. 우선 제지 제조업체와 고형연료 공급업체 사이에 계약이 있었습니다. 제지 제조업체가 지정한 일시와 장소에 고형연료를 공급하기로 하는 고형연료 공급계약이 체결된 상태였습니다. 또 고형연료 공급업체는 트럭 운전기사가 소속된 화물운송업체와 사이에 고형연료를 운송하는 화물운송계약이 체결돼 있었습니다.

수사기관은 제지 제조업체의 중대재해처벌법 위반 혐의에 대해 내사 종결했습니다. 사고 발생 장소를 실질적으로 지배·운영·관리하는 책임이 있는 제지 제조업체와 화물운송업체 사이에 계약관계가 없다는 이유에서였습니다. 화물운송업체 소속의 트럭 운전기사를 중대재해처벌법상 제지 제조업체의 종사자로 볼 수 없다고 판단했습니다.

고형연료 공급업체의 중대재해처벌법 위반 혐의에 대해서도 내사 종결 결정을 내렸습니다. 화물운송은 고형연료 공급업체가 실질적으로 지배·운영·관리하는 사업 또는 사업장에 해당하지 않는다고 봤습니다. 사고가 발생한 장소와 차량 역시 고형연료 공급업체가 실질적으로 지배·운영·관리하는 책임이 있는 시설, 장비, 장소에 해당하지 않는다는 이유도 덧붙였습니다.

위 사고에서 재해자인 트럭 운전기사가 제

게티이미지뱅크

지 제조업체와 고형연료 공급업체의 소속 근로자에 해당하지 않는다는 사실은 명백합니다. 그러나 중대재해처벌법은 제3자에게 도급, 용역, 위탁 등을 행한 경우에도 '실질적으로 지배·운영·관리하는 사업 또는 사업장의 종사자'와 '실질적으로 지배·운영·관리하는 책임이 있는 사업 또는 사업장의 종사자'에 대해 안전보건 확보의무를 부담하도록 규정하고 있습니다. 이에 해당하는지가 문제로 떠올랐습니다.

특히 중대재해처벌법 제4조와 제5조가 쟁점이었습니다. 중대재해처벌법 제4조의 '실질적으로 지배·운영·관리하는 사업 또는 사업장'이란 '하나의 사업 목적하에 조직, 인력, 예산 등에 대한 결정을 총괄해 행사하는 사업 또는 사업장'을 의미합니다.

중대재해처벌법 제5조 단서의 '실질적으로 지배·운영·관리하는 책임이 있는 경우'란, 중대산업재해의 발생 원인을 살펴, 해당 시설·장비·장소에 관한 소유권, 임차권 기타 사실상의 지배력을 갖고 있어 위험에 대한 제어 능력이 있다고 볼 수 있는 경우를 말합니다.

이와 유사한 개념으로 보이는 산업안전보건법 제10조의 '도급인이 제공·지정한 장소로서 도급인이 지배·관리하는 장소'의 해석과 관련해서도, '지배·관리란 도급인이 해당 장소의 유해·위험요인을 인지하고 이를 관리·개선하는 등 통제할 수 있음(유해·위험요인의 통제 가능성)'을 의미한다고 보는 것이 통상적입니다.

여러 업체와 거래할 땐 조심해야

한편, 중대재해처벌법상 '종사자'란, 근로기준법상의 근로자나 도급, 용역, 위탁 등 계약 형식에 관계없이 사업 수행을 위해 대가를 목적으로 노무를 제공하는 자, 그리고 관계수급인과 위의 관계가 있는 자를 포함하는 개념입니다. 결국 모든 관계수급인의 근로자, 특수형태근로종사자 등이 포함될 수 있습니다.

위와 같은 법리에 비춰, 결과적으로 재해자가 제지 제조업체의 종사자에 해당하지 않는다는 결론에 이르렀습니다. 제지 제조업체의 경우 실질적으로 지배·운영·관리하는 장소에 해당하는 제지 제조업체의 사업장 내에서 중대재해가 발생했음에도, 제지 제조업체와 고형연료 공급업체의 계약관계가 대가를 목적으로 하는 노무 제공에 관한 것이 아닌 점이 영향을 미쳤습니다. 해당 계약은 대체품인 고형연료를 공급하는 일종의 매매계약으로써 매매계약의 법리에 따라 고형연료 공급업체의 물품 공급 의무에 물품의 인도까지 포함돼 있다고 판단됐습니다.

고형연료 공급업체의 경우 위험에 대한 제어 능력이 있다고 볼 수 있는 경우에 해당한

> **실질적 지배·운영·관리 해당 여부 판단 시 고려 요소**
>
> · 해당 작업이 이뤄지는 장소에 사업주 등의 지시권이 미칠 수 있는 관리자의 파견 여부
> · 해당 장소에서 일어나는 업무·비상 상황 등에 대한 보고가 이뤄질 수 있는 체계가 있는지 여부
> · 일상적 또는 비일상적 작업이나 경영상 판단이 필요한 중요 업무 결정에 대해 사업주 또는 경영책임자 등이 관여하는지 여부
> · 해당 장소의 시설, 설비의 소유권이 누구에게 있는지 여부
> · 사업 운영 예산의 편성·집행 권한이 누구에게 있는지 여부

다고 볼 수 없다고 판단돼 재해자가 고형연료 공급업체의 종사자에도 해당하지 않는다는 결론에 이른 것입니다.

이 사고의 경우 제지 제조업체와 고형연료 공급업체는 중대재해처벌법 위반의 책임을 피할 수 있었습니다. 그러나 기업이 사업을 운영하는 과정에서 여러 업체와 거래관계를 맺게 되는 경우, 늘 조심해야 합니다. 실질적인 지배·운영·관리가 인정되는 영역에 해당하는지를 사전에 검토해 이에 해당한다고 판단될 경우에는 중대재해처벌법상 안전보건 확보의무 이행 여부에 대해 주의를 기울일 필요가 있습니다.

4부

안전보건관리체계, 어떻게 만들고 이행해야 할까

안전보건관리체계가 무엇이길래?

기존 사업장 단위의 구체적인 안전보건조치 등의 의무를 부여하고 규율해온 산업안전보건법에 더해 전사 차원의 안전보건 확보의무를 이행하도록 요구하는 중대재해처벌법이 5인 미만 사업장을 제외한 모든 업종의 회사에 적용되고 있습니다.

사업장에서 중대재해가 발생하는 경우 기존의 산업안전보건법, 형법(업무상과실치사상죄) 등 위반에 따른 형사처벌에 더해 중대재해처벌법으로 인해 경영책임자 등(통상 대표이사)과 기업에 부과될 수 있는 법적 리스크가 상당히 가중됐습니다.

이 때문에 회사에서는 무엇보다도 중대재해를 사전에 예방하기 위해 중대재해처벌법이 요구하는 안전보건 확보의무를 이행하고 이를 효율적으로 관리, 감독할 수 있는 전사 차원의 안전보건 거버넌스를 수립해 충실히 운영할 필요가 있습니다.

관련해, 안전보건 거버넌스의 핵심은 개별 사업장 단위의 구체적인 안전보건조치 중심의 기존 안전보건관리체계로는 중대재해처벌법의 의무 주체인 경영책임자 등의 안전보건 확보의무의 이행을 담보하기가 부족하기 때문에 경영책임자 등의 전사 차원의 안전보건 확보의무 이행과 사업장 단위의 구체적인 안전보건 조치의무 이행을 동시에 충족할 수 있는 "새로운 안전보건체계"를 수립하는 것입니다.

이런 회사의 안전보건관리체계가 중대재해처벌법에서 요구하는 안전보건 확보의무를 적법하게 이행할 수 있고 특히 재해를 사전에 예방할 수 있는 실효적인 현장 작동성을 갖추기 위해서는 어떤 점에 중점을 두고 수립·이행해야 할까요?

첫째, 법 적용 범위를 명확히 하는 것부터 시작해야 합니다. 중대재해처벌법은 보호 대상을 회사가 실질적으로 지배·운영·관리하는 사업 또는 사업장이나 그런 책임이 있는 시설, 장비, 장소 등에 있어서의 종사자로 그 범위가 매우 넓습니다.

따라서, 회사는 안전보건 확보의무 적용 대상 범위에 누락이 없도록 회사가 실질적으로 지배·운영·관리하거나 그런 책임이 있는 사업장, 시설, 장비인지 여부, 업무별·근로자별(특수형태근로종사자 포함)·수급인별 특성과 현황에 따라 적용 여부를 면밀히 검토해야 합니다.

특히, 건설공사의 경우 안전보건관계법규상의 지위(도급인인지 아니면 건설공사 발주자인지)에 따라 중대재해처벌법과 산업안전보건법의 적용 여부·범위가 달라질 수 있으므로 관련 사업 수행 실태를 분석해 안전보건관계법규상의 지위를 확인하고 그에 따른 법정 요구 사항을 이행할 필요가 있습니다.

둘째, 중대재해처벌법의 의무 주체는 경영책임자 등(통상 대표이사)입니다. 따라서, 각 사업장의 안전보건 관련 사항은 사안의 중요성·긴급성에 따라 경영책임자 등에게 적시 또는 정기적으로 보고되고 경영책임자 등은 이에 대한 필요한 조치를 취해야 합니다.

경영책임자 등이 안전보건 확보의무를 충실하게 이행한 것으로 평가될 수 있는 수준의 보고 범위, 보고 방식, 문서 생성, 의사결정 필요 사항 등을 포함한 보고·승인체계를 확립할 필요가 있습니다. 이런 보고, 승인체계는 회사의 위임전결규정 등에도 반영해 규정과

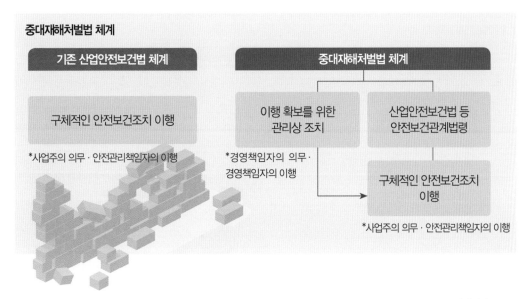

중대재해처벌법 체계

기존 산업안전보건법 체계

구체적인 안전보건조치 이행

*사업주의 의무·안전관리책임자의 이행

중대재해처벌법 체계

이행 확보를 위한 관리상 조치

*경영책임자의 의무·경영책임자의 이행

산업안전보건법 등 안전보건관계법령

구체적인 안전보건조치 이행

*사업주의 의무·안전관리책임자의 이행

실무 간 정합성을 기하는 것이 바람직합니다.

셋째, 회사의 안전보건 확보의무 이행에 대해 마지막 창구 역할을 해야 하는 안전보건 전담조직의 역할(업무 R&R)을 명확히 할 필요가 있습니다.

안전보건 전담조직은 경영책임자 등의 안전보건 확보의무 이행을 위한 집행조직으로서 실질적으로 중대재해처벌법에 따른 의무를 총괄해 관리하는 등 전사 안전보건에 관한 컨트롤타워의 역할을 해야 합니다.

예컨대 안전보건 전담조직은 각 사업장의 안전보건조직·인력과 긴밀히 협의해 ① 종사자의 안전·보건상 유해·위험 방지 정책의 수립 ② 안전·보건 관련 예산의 편성·집행 관리 ③ 각 사업장의 안전·보건관리를 제대로 하고 있는지 확인·지원 ④ 사업장의 유해 위험성을 충분히 이해하고 상시적 안전보건관리 업무

수행 ⑤ 긴급하게 발생하는 사고나 재해에 대한 지휘 본부의 기능 ⑥ 종사자 의견 청취와 필요한 조치 ⑦ 안전보건관리책임자 등에 대한 평가 지원 ⑧ 안전보건조치 능력을 갖춘 적격 수급인을 선정하고 관리 ⑨ 반기 1회 이상 안전보건 활동 이행 점검 ⑩ 재발 방지 대책의 수립·이행 등 업무 등에 관여해야 할 것입니다. 그리고 이런 안전보건 전담조직의 역할이 명확히 정의된 업무 분장표를 마련해 관리할 필요가 있습니다.

넷째, 회사의 현 안전보건관리체계가 적법하게 수립돼 있는 것인지에 대한 점검이 필요합니다. 즉, 회사에서 수립한 안전보건관리체계가 ① 회사 사업·사업장 특성을 잘 반영하고 있고 ② 중대재해처벌법령의 내용뿐 아니라 고용노동부에서 배포한 안전보건관리체계 가이드북, 중대재해처벌법 해설, '중대재해

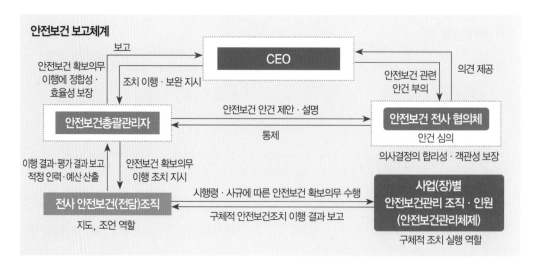

안전보건 보고체계

- 안전보건 확보의무 이행에 정합성·효율성 보장
- 조치 이행·보완 지시
- 보고

CEO

- 안전보건 관련 안건 부의
- 의견 제공

안전보건총괄관리자

- 안전보건 안건 제안·설명
- 통제

안전보건 전사 협의체
안건 심의

의사결정의 합리성·객관성 보장

- 이행 결과·평가 결과 보고 적정 인력·예산 산출
- 안전보건 확보의무 이행 조치 지시

전사 안전보건(전담)조직

지도, 조언 역할

- 시행령·사규에 따른 안전보건 확보의무 수행
- 구체적 안전보건조치 이행 결과 보고

사업(장)별 안전보건관리 조직·인원 (안전보건관리체제)

구체적 조치 실행 역할

중대재해처벌법 체계

중대재해처벌법령상 안전보건 확보의무

- 재해 예방에 필요한 인력 및 예산 등 안전보건관리체계의 구축 및 그 이행에 관한 조치
- 재해 발생 시 재발 방지 대책의 수립 및 그 이행에 관한 조치
- 중앙행정기관·지방자치단체가 관계법령에 따라 개선 시정 등을 명한 사항의 이행에 관한 조치
- 안전보건관계법령에 따른 의무 이행에 필요한 관리상의 조치

가이드북·해설서, FAQ 등 수사기관 자료, 노동부 특별감독

- 고용노동부 산업재해 예방을 위한 안전보건관리체계 가이드북, 중대재해처벌법 해설, 중대재해처벌법령에 대한 FAQ, 중대재해처벌법 따라하기 안내서
- 사업장 중대재해에 따른 안전보건관리체계에 대한 특별감독

중대재해처벌법 판결, 수사 동향

- 중대재해처벌법의 안전보건 확보의무 위반 사항 등 판결 사례
- 중대재해처벌법 위반에 따른 형량 및 양형 인자 등
- 중대재해 사건에 있어서의 수사 동향

처벌법 따라하기' 안내서, 중대재해처벌법령 FAQ 등에 기재돼 있는 안전보건 확보의무별 '주요 요소'들을 포함하고 있어야 합니다. 그리고 ③ 이런 '주요 요소'들이 포함된 절차 등을 이행하기 위한 '이행체계'가 수립돼 있어야 하며 ④ 이행이 지속될 수 있도록 이행 방안이 규정화돼 있는 등의 '관리체계'를 갖추고 있는지를 점검해야 할 것입니다.

특히, 중대재해처벌법이 제정·시행된 지 2년 이상 경과한 현재는 법원의 판결도 나오고 있으므로, 이런 점들도 고려해 현 안전보건관리체계의 적법성을 지속적으로 점검하고 미흡한 점이 있는 경우에는 개선 방안을 마련해 이행해야 할 것입니다.

다섯째, 안전보건 확보의무의 이행은 일회성이 아닌 지속적으로 확인·점검해야 하는 바, 마련된 안전보건관리체계에 따른 의무 이행 여부를 상시적으로 관리할 필요가 있습니다. 즉, 각 의무별 계획-시행-점검-개선에 해당하는 활동이 포함된 체크리스트를 수립하고, 이에 따라 상시적으로 점검하고 미흡한 부분에 대해 보완하는 환류체계를 정립·시행해야 회사 내 안전보건 확보의무의 충실한 이행이 가능하다고 할 것입니다.

도급 · 용역 · 위탁 · 건설공사 발주

상황별 안전보건조치 챙기세요

일반적으로 어떤 업무를 다른 사람에게 맡겨 그 일을 완성시키는 것을 '도급'이라고 합니다. 그런데 어떤 공사를 맡겼다가 그 사람에게 산업재해가 발생했다면, 누가 어떤 책임을 지는지가 문제가 됩니다.

산업안전보건법은 일을 맡긴 사람을 '도급인'으로 보는지, '건설공사 발주자'로 보는지에 따라 안전보건에 관한 의무와 책임을 다르게 보고 있기 때문입니다.

한편, 중대재해처벌법에는 '도급인'과 '건설공사 발주자'를 따로 취급하는 규정이 없으므로, 회사가 '건설공사 발주자'에 해당하더라도 그 시설, 장비, 장소 등에 대해 실질적으로 지배·운영·관리하는 책임이 없다고 단정하기는 어렵습니다.

다만, 회사가 '건설공사 발주자'인 경우 산업안전보건법상 협력업체 종사자에 대한 직접적인 안전보건 조치의무를 부담하지 않으므로,

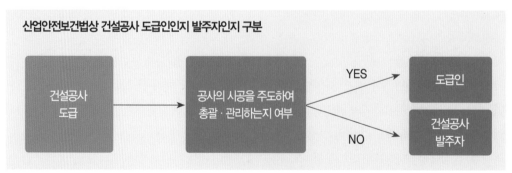

산업안전보건법상 건설공사 도급인인지 발주자인지 구분

건설공사 도급 → 공사의 시공을 주도하여 총괄·관리하는지 여부 — YES → 도급인 / NO → 건설공사 발주자

산업안전보건법상 주체에 따른 안전보건에 관한 주요 의무	
발주자(건설공사 발주)	도급인(도급·용역·위탁, 건설공사 도급)
• 건설공사의 계획 단계에서 기본안전보건대장의 작성, 설계 및 시공 단계에서 그 기본안전보건대장에 따라 설계·공사안전보건대장을 작성하게 한 뒤 이를 확인하는 등의 산업재해 예방조치 의무 부담(제67조) • 2개 이상의 건설공사가 같은 장소에서 진행되는 경우 안전보건 조정자 배치(제68조) • 공사 기간 단축 및 정당한 사유 없는 공법 변경 금지(제69조) • 산업재해 예방을 위한 도급인의 요청 시 공기 연장(제70조) • 산업재해 발생 우려 시 설계 변경(제71조) • 도급 금액에 산업안전보건관리비 계상(제72조)	• 산업재해 예방을 위하여 필요한 안전 및 보건 조치의무(제63조) • 안전보건총괄책임자의 지정(제62조) • 안전보건협의체 구성 및 운영, 작업자 순회점검 등의 산업재해 예방조치(제64조) • 특정 위험 작업 시 수급인에 대한 안전 및 보건 정보 제공(제65조) • 관계수급인의 산업안전보건법령 등 위반 시 시정조치(제66조)

안전보건 확보의무의 범위도 좁게 인정될 가능성이 높을 것입니다.

따라서 도급, 용역, 위탁 등 협력업체의 안전보건조치 등의 관리에 있어 우선 해당 협력업체와의 관계에서 회사가 산업안전보건법상 건설공사 발주자와 도급인 중 무엇에 해당하는지를 판단해야 합니다.

건설공사 발주자와 도급인 의무

'건설공사 발주자'인지 '도급인'인지를 판단함에 있어서는, 사실상의 관여 여부가 아니라, 규범적 관점에서 '시공을 주도해 총괄·관리하는 지위'에 있는지를 기준으로 하게 됩니다.

이와 같이 산업안전보건법상 '건설공사 발주자'와 '도급인'의 주요 의무를 비교하면

① 건설공사 발주 ② 건설공사에서의 도급(건설공사 발주자 제외) ③ 사내 하도급(도급·용역·위탁)으로 유형을 구분해 주요한 안전보건조치 사항을 살펴볼 수 있습니다.

건설공사 발주자의 주요 안전보건조치 사항으로, 발주자는 시공에 참여하거나 주도하지 않아야 합니다.

그리고 1) 사업 계획·설계 2) 공사 발주·계약 3) 공사 시행 4) 공사 완료 단계별로 안전보건조치를 효율적으로 시행·관리할 수 있겠습니다.

▲사업 계획·설계 단계에서는 기본안전보건대장 작성과 설계안전보건대장 확인 등을

▲공사 발주·계약 단계에서는 시공자의 안전관리조직, 중대재해 예방 조치 능력과 기술

건설공사 발주자 · 도급인의 안전보건조치 사항

	단계	내용
건설공사 발주자	사업 계획 · 설계	• 안전한 공사를 위하여 소요될 예산, 공사 기간, 공법 등 분석 • 기본안전보건대장 작성 및 설계안전보건대장 확인
	공사 발주 · 계약	시공자의 안전관리조직, 중대재해 예방 조치 능력과 기술 평가
	공사 시행	• 설계안전보건대장을 시공자에게 제공 • 시공자가 작성한 공사안전보건대장 이행 확인 • 유해 · 위험방지계획서(안전관리계획서) 작성 및 이행 여부 확인 • 유사 건설공사 사고 정보, 안전보건 목표, 주요 기대 사항 등을 시공자에 제공 • 안전보건을 위한 관리비용 점검, 공사 기간 확인
	공사 완료	• 안전관리에 관한 시공자 및 하도급업체 평가
건설공사 도급인	공사 계획	• 안전한 공사를 위하여 소요될 예산, 공사 기간, 공법 등 분석 • 유해 · 위험방지계획서, 안전관리계획서 작성(해당 시) • 안전보건관리 인력 선정 및 배치 계획 • 설계안전보건대장 검토 및 공사안전보건대장 준비
	입찰 · 계약	• 적격 협력업체 선정 기준 · 절차 운용 • 협력업체의 재해예방능력 평가
	공사 시행	• 협력업체와 안전보건노사협의체 구성 • 위험성 평가, 유해 · 위험방지계획서, 안전관리계획서 공유 • 작업장 순회점검 및 안전수칙 위반 시 작업중지 · 시정조치 • 비상연락체계 구비하여 비상시 대피, 피해 최소화 대책 운영 • 협력업체 작업자 현황 관리 및 안전보건조치 이행 점검 • 안전보건을 위한 관리비용 점검, 공사 기간 관리
	공사 완료	안전관리에 관한 협력업체 평가

평가 등을 ▲공사 시행 단계에서는 유해·위험방지계획서(안전관리계획서) 작성·이행 여부 확인 등을 ▲공사 완료 단계에서는 안전관리에 관한 시공자·하도급업체 평가 등 안전보건 업무를 실시할 수 있겠습니다.

건설공사에서의 도급인의 주요 안전보건조치 사항으로 1) 공사 계획 2) 입찰·계약 3) 공사 시행 4) 공사 완료 단계별로 안전보건조치를 시행할 수 있겠습니다. ▲공사 계획 단계에서는 유해·위험방지계획서, 안전관리계획서 작성 등을 ▲입찰·계약 단계에서는 적격 협력업체 선정 기준·절차 운용 등을 ▲공사 시

사내 하도급(도급 · 용역 · 위탁) 도급인의 안전보건조치	
단계	내용
도급 작업 계획	• 도급 금지 또는 승인 필요 여부 검토 • 안전한 작업을 위하여 소요될 예산, 시설, 인력 등 분석 • 안전보건관리 인력 선정 및 배치 계획 • 유해위험방지계획서 작성(해당 시)
입찰 · 계약	• 적격 협력업체 선정 기준 · 절차 운용 • 협력업체의 재해예방능력 평가
작업 수행	• 협력업체와 안전보건(노사)협의체 구성 • 위험성 평가, 유해 · 위험방지계획서 공유 • 유해 · 위험기계 · 기구 · 설비 및 방호장치 · 보호구의 안전 성능 확보 • 작업장 순회점검 및 위반 사항 발견 시 작업중지 · 시정조치 • 비상연락체계 구비하여 비상시 대피, 피해 최소화 대책 운영 • 협력업체 작업자 현황 관리 및 안전보건조치 이행 점검 • 우수 협력업체 혜택 부여

행 단계에서는 협력업체와 안전보건노사협의체 구성 등을 ▲공사 완료 단계에서는 안전관리에 관한 협력업체 평가 등 안전보건 업무를 실시해 산업재해로부터의 예방을 적극적으로 임해야 할 것입니다.

일반적인 사내 하도급(도급 · 용역 · 위탁)의 경우 도급인은 1) 도급 작업 계획 2) 입찰 · 계약 3) 작업 수행 단계별로 안전보건조치를 시행할 수 있겠습니다.

▲도급 작업 계획 단계에서는 도급 금지 또는 승인 필요 여부 검토 등을 ▲입찰 · 계획 단계에서는 적격 협력업체 선정 기준 · 절차 운용 등을 ▲작업 수행 단계에서는 위험성 평가, 유해 · 위험방지계획서 공유, 유해 · 위험

기계 · 기구 · 설비와 방호장치 · 보호구 등의 안전 성능 확보 등의 안전보건조치들을 실시하고, 마지막으로 협력업체 평가를 통해 우수 협력업체에 포상 등 혜택을 주어 원 · 하청 간 유기적인 재해예방활동을 통해서 산업재해를 줄이는 데 협조적인 관계를 구축하는 것이 바람직할 것입니다.

경영방침 · 목표

경영책임자의 안전보건 리더십 표명은 이렇게

중대재해처벌법의 핵심 실천 사항은 사업장에서의 안전보건관리체계를 구축하고 이행하는 것입니다. 산업 현장의 안전보건 수준은 경영책임자의 의지에 달려 있다고 해도 과언이 아닙니다.

현재 중대재해처벌법의 기반이 되는 안전보건경영 시스템의 핵심 기반이 리더십과 근로자의 참여임을 볼 때, 그만큼 경영책임자의 의지가 산업 현장의 안전보건 수준을 결정하는 결정적인 요소입니다.

영국 산업안전보건청(HSE·Health and Safety Executive)은 안전보건관리체계의 핵심 원리로 ① 리더십과 근로자의 참여를 바탕으로 ② 체계적인 안전보건관리를 위한 능력을 갖춰야 하고 ③ 실천 사항으로 위험성평가, 법규 준수 활동을 제시했습니다.

모든 안전보건 활동의 근간에는 경영책임자의 리더십이 자리하고 있습니다. Chrisanthi Lekka는 그의 논문에서 경영책임자가 안전 리더십을 갖추기 위해서는 10가지 덕목을 갖춰야 한다고 했습니다. 첫 번째 사항으로 안전에 대한 명확한 비전을 제시하고 안전에 대한 명확한 목표와 기준을 설정하고 의사소통하라고 했고 필요한 자원을 제공하라고 했습니다. 현재 시행되고 있는 중대재해처벌법의 경영책임자의 의무인 안전보건관리체계 구축·이행에 있어 목표와 방침을 수립하고 안전보건 예산을 편성해 지원하라는 사항과 일맥상통하는 것입니다.

따라서, 산업 현장에서 안전보건 활동이 제대로 이행되기 위해서는 안전보건에 대한 경영책임자의 확고한 의지가 방침과 목표로 천명돼야 하고, 체계적이고 효율적인 안전보건 활동을 위해 안전보건조직을 통해서 실천 사항이 기획되고 관리돼야 합니다.

안전보건방침과 목표

산업 현장에서의 체계적인 안전보건 활동의 첫 번째 실행 사항으로써 경영책임자의 안전보건에 대한 확고한 의지가 천명된 방침과 목표를 설정해 일관된 정책을 추진할 필요가 있습니다. 안전보건방침은 다음의 사항을 고려해 설정할 필요가 있습니다.

• 산업 현장을 안전하고 쾌적한 작업 환경으로 조성하려는 의지가 표현될 것
• 산업 현장의 유해위험요인을 제거하고 위험성을 감소시키기 위한 실행·안전보건경영체계의 지속적인 개선 의지를 포함할 것
• 사업장의 규모와 여건에 적합할 것
• 법적 요구 사항과 그 밖의 요구 사항의 준수 의지를 포함할 것
• 경영책임자의 안전보건경영 철학과 근로자의 참여·협의에 대한 의지를 포함할 것

경영책임자는 안전보건방침을 간결하게 문서화하고 서명과 시행일을 명기해 사업장의 모든 종사자가 쉽게 접할 수 있도록 공개해야 하고, 안전보건방침이 사업장에 적합한지를

안전보건경영방침(예시)

OO은 종사자의 생명과 안전을 기업 경영의 최우선 가치로 하고, 책임의식과 적극적 의무 이행으로 지속가능한 안전보건 기반을 구축하고자 다음과 같이 안전보건경영방침을 선언한다.

① 종사자 등 구성원 모두가 안전의 기본 원칙을 실천하고 법규를 준수하는 안전문화를 정착시켜 안전하고 건강한 일터를 조성한다.
② 종사자의 안전보건을 확보하기 위해 안전보건경영체계를 구축하고 이행 점검하여 지속적으로 발전시킨다.
③ 유해위험요인을 파악하여 제거 또는 관리할 수 있도록 선제적 예방 활동을 지속적으로 추진한다.
④ 도급 용역 위탁 관계의 상생협력체계를 강화한다.
⑤ 안전보건 활동에 있어 종사자의 참여와 협의를 보장한다.

2024. 1. 20.
대표이사 홍길동 (서명)

정기적으로 검토해야 합니다. 또한, 목표 수립 시 안전보건방침과 일관성이 있어야 하고 다음 사항을 고려할 필요가 있습니다.

① 구체적일 것
② 성과 측정이 가능할 것
③ 안전보건 개선 활동을 통해 달성이 가능할 것
④ 안전보건과 관련이 있을 것
⑤ 모니터링돼야 할 것

중대재해처벌법이 시행된 지 3년째 접어들고 있어 중대재해처벌법 적용 대상 사업장에서는 기본적으로 안전보건방침과 목표를 수립하고 있으나, 수립된 방침과 목표는 형식적으로 수립돼서는 안 되고 사업장의 특성과 규모를 고려해 실질적이고 구체적으로 설정할 필요가 있습니다.

OO건설 판결 사례

• 피고인 회사의 2022년도 안전·보건경영목표는 "전 임직원 및 근로자 안전 생활화를 위한 환경 조성 및 의식 수준 향상"이고, 이를 위한 안전·보건경영방침은 "1) 안전문화 확산 2) 교육 계획"으로 설정되어 있음

• 그러나 위와 같은 피고인 회사의 안전·보

Check Point

• 사업장의 특성과 규모를 안전보건방침과 목표가 수립되어 있는가
• 수립된 방침은 게시, 교육 등을 통해 종사자에게 공유되고 있는가
• 수립된 방침은 정기적으로 검토되고 있는가
• 수립된 목표에는 구체적이고 실질적인 내용을 담고 있는가

건에 관한 계획에는 사업 또는 사업장의 특성과 규모 등이 반영되어 있지 않고, 그 내용을 보더라도 대부분의 건설회사에 일괄적으로 적용될 수 있는 일반적인 사항들을 열거하고 있을 뿐이며, 특히 재해의 예방, 유해·위험요인의 개선, 그 밖에 안전보건관리체계 구축 등에 필요한 예산의 편성 및 집행에 관한 실질적이고 구체적인 방안이 담겨 있지 않음

• 따라서 피고인 D가 위와 같이 안전·보건에 관한 계획을 수립하고 이사회에 보고하는 절차를 밟았다는 사정만으로는 중대재해처벌법이 규정하는 안전·보건에 관한 목표 및 경영방침 설정 의무를 이행한 것으로 보기 어려움

안전보건 활동 목표 · 세부 추진계획			결재	작성	검토	승인				

전사 목표	목표 · 세부 추진계획		추진 일정				성과 지표	담당 부서	예산(만원)	달성률(%)	실적 · 부진 사유
			1분기	2분기	3분기	4분기					
산재 사고 감소 ○○% 목표	정기 위험성 평가	계획	○				1회/ 년 이상	전 부서	500	100	3/20 30개 공정 실시
		실적									
	수시 위험성 평가	계획	○	○	○	○	수시	전 부서	–	5건	4/15 1공장 라인 증축 등 5건
		실적									
	고위험 개선	계획	○	○	○	○	개선 이행 100%	전 부서	–	100	고위험 30건 개선 완료
		실적									
	아차사고 수집	계획					1건/ 월/ 인당	안전	–	50	• 80건 발굴 및 개선 완료 • 참여 독려를 위한 이벤트 추진 예정
		실적									
	산업안전보건위원회	계획	○	○	○	○	1회/ 분기	안전	–		
		실적									
	작업표준제 · 개정	계획	○	○	○	○	변경 시	안전	–		
		실적									
	합동안전점검	계획	○	○	○	○	1회/ 월	안전	–		
		실적									
	비상조치훈련	계획	○	○	○	○	1회/ 분기(화재, 누출, 대피, 구조)	전 부서	30	75	• 2/10 화재진압 훈련 • 4/15 가스누출 대비 코로나19로 구조훈련 미실시
		실적									
	작업허가서 발부	계획	○	○	○	○	단위 작업별	전 부서	–		
		실적									
	작업 전 미팅(TMB) 실시	계획	○	○	○	○	단위 작업별	전 부서	–		
		실적									
	안전관찰제도 운영	계획	○	○	○	○	1건/ 월/ 인당	전 부서	–		
		실적									
	안전보건 예산 집행	계획	○	○	○	○	수립 예산 이행	전 부서	–		
		실적									
	성과 측정 · 모니터링	계획		○		○	1회/ 반기	전 부서	–		
		실적									
	시정조치 이행	계획	○	○	○	○	수시	전 부서	–		
		실적									
	경영자 검토	계획				○	1회/ 반기	안전	–		
		실적									

예산 편성 · 전담조직 구성 및 업무 지원

안전보건경영 역량의 기반 요소는 이것

일찍이 하인리히(Heinrich)는 산업 현장에서 산업재해를 예방하기 위해 기본적으로 갖추어야 할 사항으로 자세(Attitude), 인식(Knowledge), 능력(Ability)을 제시했고, 이를 토대로 안전보건조직(Organization)을 구성하여 그 조직의 기획하에 안전보건활동이 이루어질 수 있도록 하는 것이 중요하다고 하였습니다.

여기에서 능력(Ability)을 갖추는 데 있어 가장 기본이 되는 요소가 인적자원(사람)과 물적자원(예산)입니다.

안전보건 성과를 달성하기 위해서는 기본적으로 필요한 예산이 투자되어야 하고 필요한 곳에 인력도 배치되어야 하며, 안전보건조직을 통해서 안전보건활동이 체계적으로 관리될 필요가 있습니다.

안전보건예산

산업 현장에서 안전보건관리체계가 원활히 작동하기 위한 기본적인 요소 중의 하나로 경영책임자의 확고한 자원 제공을 들 수 있습니다. 자원의 근간은 인력과 예산입니다. 기업 경영에 있어 투자 없이 성과를 낼 수 없는 것과 같이 안전보건 측면에서도 투자 없이 안전보건 성과를 달성할 수 없다는 것은 자명합니다.

안전보건 성과를 달성함에 있어서 경영책임자의 자원 제공이 매우 중요한 요소인 만큼 중대재해처벌법에서 자원 제공을 경영책임자의 의무로 규정하고 있습니다. 경영책임자는 중대재해처벌법 시행령 제4조 제4호에 따라 재해 예방을 위해 필요한 안전보건에 관한 인력, 시설 및 장비의 구비 예산과

안전보건 예산 편성 예시		2024년	2023년
구분			(단위:백만원)
인력 및 시설 분야	위험시설 정비 및 개보수		
	안전검사 실시		
	안전시설 신규 설치 및 투자		
	안전보건조직 노무관리		
안전 분야	안전인력 육성 및 교육		
	안전보건진단 및 컨설팅		
	위험성 평가 실시		
	안전보호구 구입		
보건 분야	작업환경측정		
	특수건강진단		
	근골격계질환 예방		
	휴게위생시설 관리		
기타	협력업체 안전보건관리 지원		
예비비	예비비		

유해위험요인의 개선 예산 등을 편성하여야 합니다.

안전보건예산을 편성하여 집행하는 데 있어 편성된 예산에 대한 초과 수요가 발생하거나 예정에 없었던 안전보건예산의 집행이 필요할 수도 있습니다. 따라서, 편성된 안전보건예산이 적정하게 집행되는지, 추가 필요한 안전보건예산이 있는지를 주기적으로 모니터링하여 조치하여야 합니다. 안전보건예산이 계획된 대로 집행되기에 여러 변수가 존재할 수도 있을 것이고 긴급히 소요되는 안전보건예산도 있을 것이므로 안전보건예산 편성에 수시 예산 편성을 위한 프로세스를 갖추고 있는 것이 필요하며 예비비를 편성하여 활용하는 것도 하나의 방법일 수 있습니다.

여러 사업장이 존재하는 경우에 각 사업장의 의견의 들어 안전보건예산을 편성하는 것이 필요하며 소규모 사업장의 경우에도 일선 부서의 의견을 들어 안전보건예산을 편성하는 것이 필요합니다. 또한, 안전보건관리(총괄)책임자에게 해당 사업장의 안전보건예산의 집행에 있어 전적인 권한이 있어야 합니다. 특히, 건설업의 경우, 산업안전보건법상의 산업안전보건관리비만으로 제한하여 안전보건예산을 편성하는 경우도 있을 터인데 중대재해처벌법상의 안전보건예산은 이보다 더 폭넓은 안전보건예산 편성 의무를 부여하고 있다는 점을 명심할 필요가 있습니다.

OO건설 판결 사례

• 피고인 A는 위 공사의 공사금액에 계상되어 있는 산업안전보건관리비와 별도로 재해예방에 필요한 안전보건에 관한 예산을 편성한 사실이 없음.

• 이 사건 공사 현장에는 차량계 건설기계 유도 업무를 전담하는 인력이 배치되지 않았고, 굴착기 작업 반경 내 공간에 근로자의 접근을 통제하기 위한 출입금지 표지판, 울타리 등의 안전시설이 설치되지도 않았으므로, 관련 법령에 따라 의무적으로 갖추어야 할 재해예방 관련 인력, 시설 및 장비의 구비를 위한 예산이 제대로 집행되지 않았음.

• 중대재해법상 사업주 또는 경영책임자 등은 도급이나 용역 등을 매개로 하여 노무를 제공하는 종사자에 대하여도 안전보건 확보 의무를 이행하여야 하는 등의 이유로 건설공사 발주자의 산업안전보건관리비 계상 의무보다 폭넓은 안전보건 관련 예산 편성 의무를 부담함.

경영책임자는 안전보건예산의 적절한 편성과 집행을 다음의 점검사항을 통해서 확인할 수 있습니다.

안전보건전담조직

사업장의 안전보건관리체계가 체계적이고 효율적으로 구축되고 이행되기 위해서는 사업장 전반의 안전보건활동을 기획하고 실행하고 모니터링하고 피드백하는 안전보건조직이 필요합니다. 안전보건조직을 갖출 여력이 없는 소규모 사업장의 경우에는 안전보건업무 담당자를 지정하거나 안전보건전문기관과의 위탁계약을 통해 안전보건관리업무를 수행할 수도 있을 것입니다. 중대재해처벌법에서는 제4조 제2항에 전사 차원의 안전보건관리업무를 수행하는 안전보건전담조직의 구

Check Point

• 안전·보건관계법령에 따른 의무 이행에 필요한 인력, 시설, 장비의 구비를 위해 예산을 편성했는가

• 안전보건예산 편성 시 종사자의 의견을 청취했는가

• 안전보건관리(총괄)책임자 등이 예산 편성 및 집행에 대한 권한을 가지고 있는가

• 편성된 안전보건예산이 용도대로 사용되고 있는지 주기적으로 모니터링하고 있는가

• 필요시 추가 안전보건예산 편성을 위한 프로세스를 가지고 있는가

• 건설업의 경우, 산업안전보건관리비보다 폭넓은 안전보건예산을 편성하고 있는가

성·운영을 규정하고 있습니다.

중대재해처벌법상의 규정에 따라 사업장에 안전보건전담조직을 두어야 하는 경우 필히 전담조직을 두어 안전보건 활동에 있어 주도적인 역할을 할 수 있도록 하여야 합니다. 안전보건조직을 두어야 하는 대상 사업장이 아닌 경우에도 안전보건관리가 독립적이 아니라 기업경영 전반의 필수적인 사항으로 다루어져야 할 필요성이 있기 때문에 안전보건과 함께 경영 시스템까지 고려할 수 있는 적합한 인력을 배치하는 것이 바람직합니다. 전담조직의 인원수는 별도로 규정하고 있지 않으나, 기업의 규모와 특성을 반영하여 2명 이상의 인원으로 구성하는 것이 합리적입니다. 전담조직을 반드시 본사에 두어야 하는 것은 아니나, 전담조직은 경영책임자를 보좌하여 안전보건에 관한 업무를 총괄·관리하는 기능을 수행해야 하므로 경영책임자가 업무를 수행하는 본사에 설치하는 것이 바람직합니다. 또한, 안전보건전담조직은 부서장과 해당 부서원 모두 안전보건에 관해 특정 사업장이 아닌 전체 사업장을 총괄·관리해야 하고, 전담조직은 안전보건과 무관하거나 생산관리, 일반행정 등 안전보건 목표와 상충이 일어날 수 있는 업무를 함께 수행할 수 없습니다.

> **안전보건전담조직을 두어야 하는 사업장**
>
> 산업안전보건법에 따라 두어야 하는 안전관리자, 보건관리자, 안전보건관리담당자, 산업보건의가 총 3명 이상이면서
> ① 상시근로자 수가 500명 이상인 사업 또는 사업장이거나
> ② 공사 시공능력 순위 상위 200위 이내인 건설사업자

Check Point

- 전담조직 구성·운영 대상이 되는가
- 전담조직은 사업의 특성과 규모를 고려하여 인력을 운영하되 최소 2인 이상으로 구성되어 있는가
- 전담조직이 경영책임자의 안전보건 철학을 효과적으로 이행할 수 있는 곳에 설치되어 운영되고 있는가
  (예: 경영책임자 직속 등)
- 전담조직은 전체 사업장의 안전보건에 관한 업무를 총괄관리하고 있는가
- 전담조직이 안전보건과 무관한 일반행정 등의 업무를 수행하고 있지는 않은가

안전보건관리책임자 등의 역할과 책임

중대재해처벌법 시행령 제4조 제5호를 살펴보실까요. 해당 조항에는 안전보건관리책임자, 안전보건총괄책임자, 관리감독자('안전보건관리책임자 등')와 관련된 규정이 적혀 있습니다. 업무 수행에 필요한 권한과 예산을 줘서 각 주체가 사업장 안전보건에 관한 제반 업무를 충실히 수행할 수 있도록 하고 있습니다.

안전보건관리책임자 등의 직무

안전보건관리책임자란 사업장을 실질적으로 총괄·관리하는 사람입니다. 사업장의 산업재해 예방 계획의 수립 등 안전보건에 관한 업무를 총괄·관리하며, 안전관리자와 보건관리자를 지휘·감독하는 사람입니다. 통상적으로 사업장의 공장장, 현장 소장 등이 안전보건관리책임자에 해당됩니다. 안전보건관리책임자가 어떤 업무를 수행해야 하는지에 대해서는 산업안전보건법에 그 직무가 적혀 있습니다.

안전보건총괄책임자는 도급인의 사업장에서 관계수급인 근로자가 작업을 하는 경우, 도급인의 근로자와 관계수급인 근로자의 산업재해를 예방하기 위한 업무를 총괄합니다. 즉 관리하도록 지정된 그 사업장의 안전보건관리책임자를 말합니다. 안전보건관리책임자가 있는 사업장은 별도의 안전보건총괄책임자를 두는 것이 아니고 안전보건관리책임자가 안전보건총괄책임자의 역할을 수행해야 합니다. 안전보건관리책임자를 두지 않아도 되는 사업장의 도급인은 안전보건총괄책임자를 지정해야 합니다. 안전보건총괄책임자는 안전보건관리책임자의 업무를 포함한 직무를 수행해야 합니다.

관리감독자는 사업장의 생산과 관련되는 업무와 그 소속 직원을 직접 지휘·감독하는 직위에 있는 사람을 말합니다. 관리감독자 지정에 있어 다층적 지휘·감독체계에 있는 모든 지휘·감독 권한을 가진 자가 전부 관리감독자가 돼야 하는 것은 아닙니다. 만일, 다층적 지휘·감독체계에서 동일한 소속 직원을 직접 지휘·감독하는 사람이 사업장 내 여러 명인 경우 사업주가 효율적인 산재 예방 활동을 전개할 수 있는 위치에 있는 사람에게 관리감독자 업무를 수행토록 지시할 수 있을 것입니다.

안전보건관리책임자 등의 업무 수행 평가

중대재해처벌법 시행령 제4조 제5호에서는 안전보건관리책임자 등에게 업무 수행에 필요한 권한과 예산을 부여하도록 규정하고 있습니다. 이뿐 아니라, 안전보건관리책임자 등이 해당 업무를 충실히 수행하는지를 평가하는 기준을 만들고, 그 기준에 따라 반기 1회 이상 평가·관리하도록 하고 있습니다.

안전보건관리책임자와 안전보건총괄책임자는 해당 사업장을 실질적으로 총괄·관리하는 사람입니다.

관리감독자는 사업장의 생산과 관련되는 업무와 그 소속 직원을 직접 지휘·감독하는 직위에 있습니다. 해당 업무를 충실히 수행하

Check Point

- 안전보건관리책임자, 안전보건총괄책임자, 관리감독자가 선임돼 있는가
- 안전보건관리책임자 등에게 업무와 예산에 관한 권한과 책임을 명확하게 부여하고 있는가
- 안전보건관리책임자 등의 업무 수행 충실성을 평가할 수 있는 평가 기준이 있는가
- 평가에서 누락되는 안전보건관리 책임 등은 없는가
- 평가 결과 미흡한 사항에 대해서는 당사자에게 피드백해 개선토록 하고 있는가
- 반기 1회 이상 평가를 하고 그 결과가 경영책임자에게 보고되고 필요 시 개선 조치되고 있는가

는지에 대한 평가 기준에는 산업안전보건법에 따른 업무 수행과 그 충실도를 반영할 수 있는 평가 항목이 포함돼야 합니다. 평가 기준은 가능한 한 구체적이고 세부적으로 마련함으로써 형식적인 평가가 아닌 실질적인 평가가 이뤄질 수 있도록 해야 합니다.

OO산업 판결 사례

• "안전보건관리책임자 등이 산업안전보건법에서 규정한 각각의 업무를 충실하게 수행하는지를 평가하는 기준"이란 안전보건관리책임자 등이 산업안전보건법에 따라 의무를 제대로 수행하고 있는지에 대한 평가 항목을 의미한다고 할 것임.

• 안전보건관리책임자 등에 대한 평가 항목에는 산업안전보건법에 따른 업무 수행과 그 충실도를 반영할 수 있는 내용이 포함돼야 하고, 그 평가 기준은 이들에 대한 실질적인 평가가 이뤄질 수 있도록 구체적이고 세부적이어야 함.

또한, 안전보건관리책임자 등의 업무 수행 평가와 관리는 그 평가 기준에 따라 반기 1회 이상 이뤄져야 합니다. 평가 결과 개선이 필요한 사항에 대해서는 대상자에게 통보해 개선이 이뤄질 수 있도록 조치하는 것이 필요합니다. 최종적으로 평가 결과는 경영책임자에게 보고돼야 합니다. 안전보건관리책임자 등이 충실히 업무를 수행하고 있는지를 다음의 점검 사항(Check Point)을 통해서 확인할 수 있습니다.

안전보건관리책임자 평가표(예시)		
구분	평가항목	평가내용
1	산업재해 예방 계획	• 안전보건 목표와 안전보건경영방침이 적절히 수립돼 있는가? • 안전보건 목표와 안전보건경영방침이 게시, 공지 등의 방법으로 종사자에게 전파돼 있는가? • 안전보건 목표와 안전보건경영방침 달성을 위한 추진 계획을 수립하고 있는가? • 안전보건 목표 달성과 추진 계획의 이행에 주기적 점검, 분석, 시정 조치가 이뤄지고 있는가?
2	안전보건관리 규정	• 안전보건관리 규정을 작성하고 그 적정성을 주기적으로 검토(개정 등)하는가? • 안전보건관리 규정을 적법한 절차로 제 · 개정하고 있는가? • 안전보건관리 규정이 게시, 공지 등의 방법으로 종사자에게 전파돼 있는가?
3	안전보건교육	• 관계법령이 정하는 안전보건교육을 포함한 교육 계획을 수립하고 실시하는가? • 교육 대상, 교육 내용, 교육 방법은 적절하게 운영하고 있는지 관리, 분석, 평가하고 있는가? • 교육 내용 등에 대한 분석, 평가된 내용을 차기연도 교육 계획 수립에 반영하고 있는가?

안전보건관리책임자 평가표(예시)		
구분	평가항목	평가내용
4	작업 환경 측정	• 유해인자에 대한 측정 계획을 수립하고 그 실행 계획이 적절하게 잘 이뤄지고 있는가? • 유해인자 시료 등을 채취하고 관리, 분석, 평가를 하고 있는가? • 작업 환경 측정 결과 보고서상의 의견을 충분히 검토해 시설·설비의 개선 등 적절한 조치를 취하고 있는가?
5	건강관리	• 산업안전보건법에 따른 근로자의 건강진단 등 건강관리를 증진시키기 위한 조직과 체계를 마련했는가? • 산업안전보건법에 따른 근로자 건강진단(일반, 특수, 배치 전 건강진단 등)을 주기와 시기에 맞게 시행하고 있는가? • 근로자의 건강진단 내용을 수집해 관리, 분석, 평가하고 있는가? • 건강진단 결과 근로자의 건강을 유지하기 위해 필요한 조치(작업 장소 변경, 작업 전환, 근로 시간 단축, 야간 근로의 제한, 작업 환경 측정 실시, 시설·설비의 설치·개선 등)를 적절히 시행하고 있는가?
6	산업재해 조사· 재발 방지 대책	• 산업재해 발생 시 그 원인을 조사하고 재발 방지 대책을 수립했는가? • 관계법령에 따라 관계기관에 산업재해를 보고하고 있는가? • 아차사고를 포함한 산업재해의 원인과 재발 방지 대책에 대해 분석, 평가, 관리하고 있는가?
7	산업재해 통계 기록·유지	• 산업재해 통계는 유지, 관리하고 있는가? • 산업재해 발생 현황을 주기적으로 관리, 분석, 평가하고 있는가?
8	안전 장치· 보호구 등 관리	• 안전인증 대상 위험기계기구설비, 방호 장치, 보호구의 구입 시 인증 적격품 여부를 확인하는가? • 안전검사 대상 기계기구설비에 대해서 안전검사를 실시하고 있는가? • 근로자에게 적합한 보호구가 지급되고 관리되고 있는가?
9	위험성 평가	• 위험성 평가에 대한 절차서 등이 마련돼 있는가? • 수립된 위험성 평가에 대한 절차 등에 따라 이행하고 있는가? • 수급인의 위험성 평가를 검토해 유해위험요인을 직접 개선 또는 개선 요구하고 있는가? • 위험성 평가 결과에 따른 개선을 위한 필요 인원, 예산의 책정과 반영이 되고 있는가? • 주요 위험 작업에 대한 안전작업허가제를 운영하고 있는가? • 위험성 평가의 결과와 조치 사항을 기록해 보존하고 있는가? • 위험성 평가 관련 교육 프로그램을 수립하고 운영하는가?
10	근로자의 위험· 건강장해의 방지	• 작업 전 사전 안전점검을 실시하고 있는가? • 작업 전 TBM을 실시하고 주요 안전보건 사항에 대해서 공지하고 있는가? • (해당 시) 작업지휘자, 유도자를 배치하고 있는가? • (해당 시) 작업계획서가 작성되고 작업계획서대로 작업이 이뤄지고 있는가?
11	안전관리자 지휘·감독	• 안전관리자에게 안전관리의 업무 수행에 필요한 책임과 권한을 부여했는가? • 안전관리에 관한 보고 사항에 대해 적절한 조치를 하고 있는가?
12	보건관리자 지휘·감독	• 보건관리자에게 보건관리의 업무 수행에 필요한 책임과 권한을 부여했는가? • 보건관리에 관한 보고 사항에 대해 적절한 조치를 하고 있는가?

안전보건총괄책임자의 직무

❶ 위험성 평가 실시에 관한 사항
❷ 산업재해가 발생할 급박한 위험이 있는 경우와 중대재해 발생 시 작업중지
❸ 도급 시 산업재해 예방 조치
❹ 산업안전보건관리비의 관계수급인 간의 사용에 관한 협의·조정과 그 집행의 감독
❺ 안전인증 대상 기계 등과 자율안전 확인 대상 기계 등의 사용 여부 확인

관리감독자의 직무

❶ 사업장 내 관리감독자가 지휘·감독 하는 작업과 관련된 기계·기구·설비의 안전보건 점검과 이상 유무 확인
❷ 관리감독자에게 소속된 근로자의 작업복, 보호구와 방호 장치의 점검과 그 착용·사용에 관한 교육·지도
❸ 해당 작업에서 발생한 산업재해에 관한 보고와 이에 대한 응급 조치
❹ 안전관리자, 보건관리자, 안전보건 관리담당자, 산업보건의의 지도·조언에 대한 협조
❺ 위험성 평가를 위한 유해위험요인 파악과 개선 조치 시행에 참여

안전보건관리책임자의 직무

❶ 사업장의 산업재해 예방 계획 수립에 관한 사항
❷ 안전보건 관리 규정의 작성과 변경에 관한 사항
❸ 근로자 안전보건교육에 관한 사항
❹ 작업 환경의 점검과 개선에 관한 사항
❺ 근로자 건강진단 등 건강관리에 관한 사항
❻ 산업재해 원인 조사와 재발 방지 대책 수립에 관한 사항
❼ 산업재해 통계의 기록과 유지에 관한 사항
❽ 안전 장치와 보호구 구입 시 적격품 여부 확인에 관한 사항
❾ 위험성 평가 실시에 관한 사항
❿ 안전보건 규칙에서 정하는 근로자의 위험 또는 건강장해의 방지에 관한 사항

작업중지 등 급박한 위험 발생 시 매뉴얼

중대재해처벌법 시행령 제4조 제8호는 안전보건 확보의무의 하나로 '중대산업재해 대응 매뉴얼에 관한 수립·점검' 의무를 규정하고 있습니다.

이 규정은 사업주로 하여금 긴급 상황에 대처할 수 있는 작업중지, 위험요인 제거 등에 관한 체계적인 매뉴얼을 마련해 중대산업재해 발생으로 인한 피해를 최소화하기 위한 것이 목적입니다.

이 규정에 따라, 경영책임자는 중대산업재해가 발생하거나 발생할 급박한 위험이 있을 경우를 대비한 매뉴얼을 수립하고, 이 매뉴얼에 따라 현장에서 적절한 대응 조치가 이뤄지고 있는지를 반기 1회 이상 점검해야 합니다.

'중대재해 대응 매뉴얼'을 수립·점검하는 과정에서 유의할 사항을 살펴보면서, 이를 통해 본 의무를 충실하게 이행하기 위한 방안을 짚어보겠습니다.

중대재해 대응 매뉴얼 마련

첫째, 중대재해 대응 매뉴얼에는 반드시 법령에서 요구하는 사항이 포함돼야 합니다. 즉, 매뉴얼은 ▲중대재해 사고나 재해 발생 시 작업중지, 근로자 대피, 위험요인 제거 등 대응 조치와 ▲피해자 구호 조치 ▲추가 피해 방지를 위한 조치 사항을 규정하고 있어야 합니다.

위 대응 조치에 관한 절차는 '작업중지 → 근로자 대피 → 위험요인 제거' 순서로 이뤄지도록 하며, 위험요인 제거와 추가 피해 방지 조치를 끝낸 이후에 작업이 재개될 수 있다는 점을 명시해두는 것이 필요합니다.

각 법령 사항과 관련해, 작업중지의 경우 고용노동부는 이 '작업중지'의 내용에 사업주의 작업중지 외에 관리감독자의 작업중지권, 종사자의 작업중지권도 포함될 수 있도록 할 것을 안내하고 있습니다.

종사자의 범위에는 도급·용역·위탁 등의 계약을 체결한 자와 그 소속 근로자도 포함되므로, 협력업체 근로자도 작업중지권의 주체가 됨을 명시하는 것이 바람직합니다.

기업은 작업중지를 규정하는 것에 그치지 않고, 종사자가 급박한 상황에서 작업을 중지할 수 있다는 점을 숙지시킬 필요가 있으며, 그 방법으로 작업중지권을 홍보하는 현수막을 게시하거나, 작업중지권의 내용이 담긴 매뉴얼 등을 종사자에게 배포하고 작업 현장에도 비치하는 등의 조치를 고려해볼 수 있습니다.

구호 조치의 경우, 기본적인 응급조치 방안과 긴급 사항에 대한 전파 체계를 구축해야 합니다. 생명이 위급한 긴급 상황에서 심폐소생술 등의 응급처치를 실시하고, 관할 소방청에 연락할 담당자와 회사 내부적으로 비상 상황을 총괄해 대처하는 담당자·실무진을 사전에 정해두는 것이 바람직합니다.

추가 피해 방지 조치는 사고 현장의 출입을 통제하고, 사고 발생 작업과 유사한 작업이 이뤄지는 사업장 내 다른 작업 현장과 그 외 다른 사업장 등에 대해서도 사고 현황을 공유하고, 사고 원인을 분석해 재발 방지 대책을 수립하는 절차가 포함돼야 합니다. 사고 작업은 재발 방지 조치를 통해 사고 원인이 제거된 이후에 재개될 수 있도록 명시해두는 것이 바람직합니다.

반기 1회 매뉴얼 점검 절차 구축 및 실행

둘째, 중대재해 대응 매뉴얼에 반기 1회 이상 점검하는 절차도 정해둘 필요가 있습니다. 중대재해처벌법은 점검 절차에 대한 구체적인 내용을 정하고 있지 않으므로, 회사는 업종과 사업장 특성에 맞춰 자체적으로 점검 방식과 절차를 수립할 수 있습니다.

다만, 산업안전보건법은 도급인에 대해 작업 장소에서 발파 작업을 하는 경우나 작업 장소에서 화재·폭발, 토사·구축물 등의 붕괴 또는 지진 등이 발생한 경우에 대비한 경보체계 운영과 대피 방법 등에 관한 훈련을 하도록 정하고 있으며(제64조 제1항 제5호), 고용노동부는 이 산업안전보건법 규정은 중대산업재해가 발생할 급박한 위험이 있는 경우를 대비한 것으로 매뉴얼에 위 규정 내용이 포함돼야 한다고 설명합니다.

위 고용노동부 설명을 참고한 '시나리오 훈련'을 통해 매뉴얼 점검이 이뤄지는 절차를 수립해야 합니다. 실제 많은 기업에서 점검 절

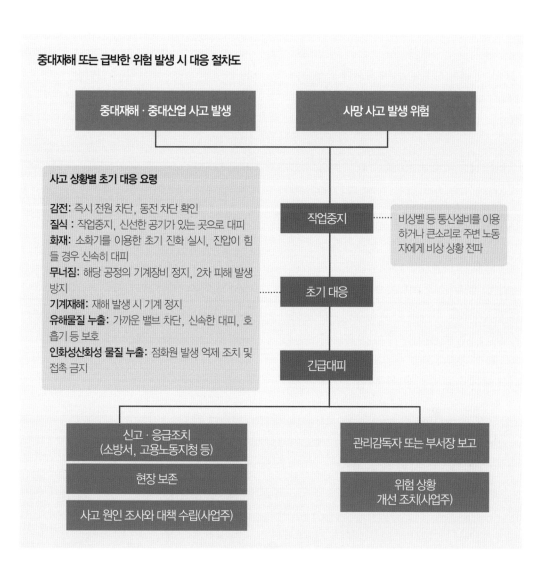

중대재해 또는 급박한 위험 발생 시 대응 절차도

중대재해 · 중대산업 사고 발생 | **사망 사고 발생 위험**

사고 상황별 초기 대응 요령

감전: 즉시 전원 차단, 동전 차단 확인
질식 : 작업중지, 신선한 공기가 있는 곳으로 대피
화재: 소화기를 이용한 초기 진화 실시, 진압이 힘들 경우 신속히 대피
무너짐: 해당 공정의 기계장비 정지, 2차 피해 발생 방지
기계재해: 재해 발생 시 기계 정지
유해물질 누출: 가까운 밸브 차단, 신속한 대피, 호흡기 등 보호
인화성산화성 물질 누출: 점화원 발생 억제 조치 및 접촉 금지

작업중지 ····· 비상벨 등 통신설비를 이용하거나 큰소리로 주변 노동자에게 비상 상황 전파

초기 대응

긴급대피

신고 · 응급조치
(소방서, 고용노동지청 등)

현장 보존

사고 원인 조사와 대책 수립(사업주)

관리감독자 또는 부서장 보고

위험 상황
개선 조치(사업주)

차의 일환으로 이 '훈련 방식'을 도입하고 있습니다.

예컨대, 반기별로 각 현장마다 주요 비상사태에 관한 테마를 정해 비상훈련 세부계획을 수립하고 이에 따라 모의훈련을 실시한 후, 이를 보고서 형태로 기록하는 방식을 고려해 볼 수 있습니다.

추가로, 고용노동부는 종사자가 안전·보건에 관한 사항에 대해 의견을 제시했다는 이유로 종사자 또는 그 종사자가 소속된 수급인 등에게 불이익한 조치를 해서는 안 됩니다. 오히려 적극적으로 의견을 개진하도록 촉진하는 내용이 절차상에 포함되는 것이 바람직하다고 안내하므로, 훈련 보고서를 작성하는 항목에 훈련에 참여한 종사자들의 의견을 반영하는 부분을 마련해두는 것을 고려해볼 수 있습니다.

셋째, 매뉴얼에서 마련해둔 점검 절차에 따라 실제로 반기 1회 이상 점검을 실시해야 합니다.

산업재해가 발생할 경우 수사기관은 사고 재해에 대해 매뉴얼에 따른 조치가 이뤄졌는지와 함께, 기존에 매뉴얼에 따른 점검 절차를 정기적으로 실시해 긴급 상황에 대비하는 역량을 구축해왔는지를 조사합니다.

이에 대비하기 위해 회사는 평소에 매뉴얼에서 정한 점검 절차를 반기 1회 이상 실시하고, 본 의무의 이행 현황을 소명할 수 있도록 본 매뉴얼, 해당 매뉴얼을 사업장에 시달한 문서, 반기 1회 이상 점검 절차를 실시한 문서(예: 훈련 보고서 등), 경영책임자 등이 매뉴얼에 따른 조치 여부를 보고받거나 점검한 자료 등 중대산업재해 위험 발생에 따른 대비 태세를 갖췄다는 점을 확인할 자료를 확보해둘 필요가 있습니다.

추가로 재해가 발생한 사업장 외에도 동종·유사 사업장 소속 종사자 전원에게 재해 발생 사항을 공유하고, 재발 방지 대책을 수립하는 절차에 관한 자료를 구비해두는 것도 종사자의 안전 의식을 고취시키고, 나아가 회사가 노력했다는 점을 보강할 수 있다는 측면에서 바람직합니다.

유해위험요인을 미리 확인했다면?

현재까지 선고된 중대재해처벌법 위반 사건의 1심 판결에서 모든 대표이사에게 징역형이 선고됐는데, 판결에 영향을 미친 주요 내용이 '유해위험요인 확인 개선(중대재해처벌법 시행령 제4조 제3호)' '안전보건관리책임자 등 기준 마련(중대재해처벌법 시행령 제4조 제5호)' 위반이었습니다.

특히 고용노동부에서 검찰에 송치한 사건 중 '유해위험요인 확인 개선' 조항 위반 내용이 모두 있었다는 점에서 그 중요성이 크다 할 수 있습니다.

그렇다면 검찰에서는 유해위험요인 확인과 개선 규정을 위반했다는 고용노동부의 의견에 대해 중대재해 발생 책임을 물어 경영책임자를 모두 기소했을까요?

상당수 사건이 아직 진행 중에 있지만 일부 사건은 검찰수사 단계에서 '혐의없음'으로 불기소 처리한 사례가 나오고 있습니다.

석유화학공장 화학장치 폭발 사고로 4명이 사망한 사건에 대해 검찰은 중대재해처벌법 위반 여부를 검토해왔으며 일부 조항에서 미흡한 점이 있기는 하지만 전반적으로 볼 때 의무 위반과 사고 발생 사이의 상당 인과관계를 인정하기에는 부족하다고 판단해 '혐의없음(증거 불충분)' 처분했습니다.

특히 시행령 제4조 제3호 유해위험요인 확인·개선에 관한 업무 절차 마련 항목에 있어 사업장에서 그동안 공정안전관리(PSM)에서 위험성 평가를 적절하게 시행하며 상위 등급을 받기 위해 꾸준히 노력해왔음을 인정했다는 점을 눈여겨볼 필요가 있습니다.

그렇다면 어떻게 유해위험요인을 확인해 개

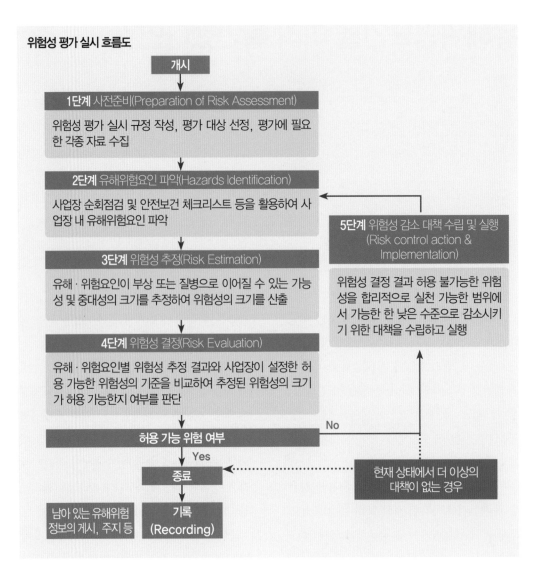

위험성 평가 실시 흐름도

개시

1단계 사전준비(Preparation of Risk Assessment)

위험성 평가 실시 규정 작성, 평가 대상 선정, 평가에 필요한 각종 자료 수집

2단계 유해위험요인 파악(Hazards Identification)

사업장 순회점검 및 안전보건 체크리스트 등을 활용하여 사업장 내 유해위험요인 파악

3단계 위험성 추정(Risk Estimation)

유해·위험요인이 부상 또는 질병으로 이어질 수 있는 가능성 및 중대성의 크기를 추정하여 위험성의 크기를 산출

4단계 위험성 결정(Risk Evaluation)

유해·위험요인별 위험성 추정 결과와 사업장이 설정한 허용 가능한 위험성의 기준을 비교하여 추정된 위험성의 크기가 허용 가능한지 여부를 판단

허용 가능 위험 여부

5단계 위험성 감소 대책 수립 및 실행 (Risk control action & Implementation)

위험성 결정 결과 허용 불가능한 위험성을 합리적으로 실천 가능한 범위에서 가능한 한 낮은 수준으로 감소시키기 위한 대책을 수립하고 실행

No

Yes

종료

현재 상태에서 더 이상의 대책이 없는 경우

남아 있는 유해위험 정보의 게시, 주지 등

기록 (Recording)

선하는 업무 절차를 마련할까요?

국가에 법령이 존재하듯이 사업장에서도 본사와 현장에 적합한 안전보건 규정(매뉴얼, 절차서 등)을 작성해야 합니다. 사업장 전체에 적용할 기본 내용은 매뉴얼에 수록하고 각 현장별로 준수해야 할 세부 내용은 절차서로 작성합니다. 현장 특성에 따른 위험성 평가 내용을 바탕으로 위험작업구역 관리, 작업허가제 등의 구체적 기준도 작성해 운영할 수 있습니다. 유해위험요인 확인을 위한 사전준비

부터 유해위험요인 파악, 위험성 추정·결정, 위험성 감소 대책 수립·실행하는 일련의 과정이 단계적으로 반복 시행되도록 규정화해야 합니다. 이런 내용은 고용노동부 고시[위험성 평가에 관한 지침(제2023-19호)]에 잘 설명돼 있으니 참고하면 됩니다(위험성 평가 실시 흐름도 참조).

유해위험요인 확인 절차와 함께 확인된 내용을 개선하는 데 필요한 예산, 일정(시간), 인력을 투입하는 절차도 같이 작성합니다.

안전보건관리체계가 잘 구축돼 있다면 원칙적으로 중대재해가 발생되지 않아야 합니다. 그러나 체계가 잘되어 있는 것으로 보이는 사업장에서도 대부분의 사고는 현장에서 발생되며 사고 원인이 현장의 유해위험요인을 미처 발굴하지 못했거나 간과한 것에서 비롯된 경우가 많습니다.

유해위험요인을 확인하는 방법으로 산업안전보건법 제36조에 규정된 위험성 평가 과정은 가장 중요하고도 어려운 작업입니다. 건설물, 기계, 기구, 설비, 원재료 등의 신규 설치나 도입, 변경 그리고 청소, 급유, 검사, 조정, 수리, 정비, 교체 등의 작업 또는 작업 방법, 절차의 변경 시에는 시기별로 적합하게 최초, 정기, 수시 위험성 평가를 실시해야 합니다.

이때 현장을 가장 잘 아는 작업자와 전문가(외부 안전보건전문기관의 컨설팅, 진단, 점검 포함)가 참여해 시간이 걸리더라도 근원적이고 잠재적인 유해위험요소 하나하나를 빠짐없이 발굴해야 합니다.

특히 현장점검을 생략하고 전산상 또는 서류상으로만 형식적으로 실시해서는 안 됩니다. 관리자는 작업장을 순회점검하고 종사자들의 의견을 산업안전보건위원회, 각종 협의회, TBM, 신문고 등을 통해 충실히 수렴하고 반영해야 합니다.

또한 최고경영자는 이런 행위가 규정에 맞게 적정하게 이행되고 있는지를 주기적(상, 하반기 1회 이상)으로 점검(안전점검, 순회·합동점검 등)하고 이렇게 활동한 내역(결재하고 보고한 서류, 관련 교육 등)을 기록으로 남겨야 합니다. 대부분 최악의 사고는 유해위험요인 확인이 누락되었거나 하더라도 형식적이고 개선이 제대로 이뤄지지 않은 상태에서 발생합니다. 중대재해 발생을 대비해 사전에 중대재해처벌법 위반이 없도록 모든 조항을 준수하기에는 현실적으로 매우 어려운 것이 사실입니다. 그러나 '유해위험요인 확인과 개선 활동' 부분에서 최선을 다해 노력한다면 우선 사고가 발생되지 않을 것이며, 발생됐다 해도 중대재해에까지 이르지 않을 수 있습니다. 설령 중대재해가 발생됐다 해도 사고 예방을 위해 노력해온 증거와 사례가 다수 존재해 적극적인 소명을 한다면 수사와 재판에 있어 유리한 결과를 기대해볼 수 있습니다.

협력사 점검도 확실하게

산업안전보건법 제61조는 사업주에게 안전·보건에 관한 역량을 갖춘 적격 수급업체를 선정할 의무를 부여하고, 중대재해처벌법 제4조 제1항 제1호와 동법 시행령 제4조 제9호는 적격 수급업체에 도급, 용역, 위탁 등을 할 수 있도록 수급업체의 산업재해 예방 조치 능력과 기술을 평가하는 기준·절차, 수급업체의 안전보건 관리비용에 관한 기준을 마련하도록 하며, 이를 반기 1회 이상 점검하도록 규정하고 있습니다.

위 의무에 관해 중대재해처벌법 주관기관인 고용노동부는, "개인사업주나 경영책임자 등은 안전·보건 확보를 위해 마련한 기준과 절차에 따라 도급, 용역, 위탁 등의 업체가 선정되는지를 반기 1회 이상 점검해야 하고, 마련된 기준과 절차에 따르면 안전·보건 확보가

이행되기 어려울 것으로 보이는 업체와는 계약하지 않도록 해야 한다"고 설명합니다.

안전한 협업의 로드맵: 적격 수급업체 선정 프로세스

즉, 적격 수급업체 선정 의무의 적법한 이행을 위해서는, 회사가 수급업체를 선정할 때 비용과 기술뿐 아니라 안전·보건 역량을 갖췄는지를 평가해 해당 역량이 우수한 업체를 선정해야 하고, 그렇지 않은 업체는 선정되지 않도록 해야 하며, 계약 체결 후에도 '반기 1회 이상의 점검'을 통해 마련된 수급업체 평가·선정 절차가 충실히 이행되고 있는지를 확인해야 합니다.

중대재해처벌법은 수급업체 선정 프로세스

를 구체적으로 정하고 있지는 않는데, 고용노동부는 도급 사업 안전보건관리 운영 매뉴얼을 통해, 수급업체 선정 가이드라인을 설명하고 있습니다. 이에 의하면, 도급인의 수급업체 선정 과정은 크게 '계약 → 수행 → 환류'로 진행되며, ① 도급 사업의 검토 ② 도급계약의 입찰 ③ 입찰서류 검토 ④ 도급업체 계약 ⑤ 도급 사업 안전보건 활동 ⑥ 수급업체 사업장 안전·보건 수준 재평가와 환류 절차로 구성할 것을 권고합니다.

구체적으로, 도급인은 ① 도급 사업의 검토 절차에서 도급인은 대상 수급업체들을 검토하고, 안전보건관리 규정을 작성합니다. 이후 ② 도급계약의 입찰 절차에서 도급인은 수급업체에 안전작업계획서·안전보건수준평가 기준을 제시하고 ③ 입찰서류 검토 절차에서 수급업체 안전보건수준을 평가하며, 해당 평가 결과를 통해 ④ 도급업체 계약 절차에서 적격 수급업체를 선정합니다. 수급업체 선정 후 안전보건총괄책임자 지정, 위험성 평가, 순회점검, 안전보건교육지도·지원 등으로 도급인의 도급 사업에 대한 ⑤ 도급 사업 안전보건 활동 절차가 진행되고, ⑥ 도급인은 수급업체의 안전보건수준을 재평가하고 평가 결과를 환류(도급계약에 따른 조치·새로운 계약, 평가 시 고려)함으로써 절차가 종결됩니다.

특히, 위 절차 중 적격 수급업체 선정, 그 이후 안전·보건수준 재평가와 환류 절차에서 검토해야 하는 내용은 아래와 같습니다.

1) 협력업체 선정 시 검토 – 도급인은 수급업체 선정 단계부터 산업재해 예방 능력을 갖춘 사업주를 선정할 수 있도록 업무를 도급, 용역, 위탁받는 자의 재해 예방을 위한 조치 능력과 기술에 대한 평가를 거쳐야 함.

2) 이행 상황 평가와 필요한 조치 – 업무를 도급, 용역, 위탁받는 자가 계약 이행 중에도 안전·보건 역량을 갖추고 그에 따라 안전보건 활동을 이행하고 있는지를 평가하고, 미흡한 점이 있는 경우 필요한 조치(지원, 경고 조치, 계약·재계약 여부 반영 등)를 취해야 함.

협력업체 평가, 끝이 아닌 새로운 시작: 적격 수급업체 평가 기준

함께 일하는 협력업체를 고를 때, 가격이나 기술뿐 아니라 얼마나 안전하게 일하는지도 중요하게 봐야 합니다. 그런데, 중대재해처벌법에서는 협력업체의 안전보건 역량을 어떤 기준으로 평가해야 할지 구체적으로 규정하고 있지는 않습니다.

이에 고용노동부는 평가 기준에 관해 위 매뉴얼을 통해 ① 평가 항목을 안전보건관리체계, 실행 수준, 운영 관리, 재해 발생 수준으로 나눠 평가 시 각 항목에 세부 배점을 부여하도록 하고, ② 특히 '실행 수준'에 높은 배점을 부여해 작업장 안전 실행을 강조할 것과 ③ 항목별 세부 기준을 마련할 것을 권고하고 있습니다. 그리고, 각 평가 항목에 관한 기준을 세울 때는 아래 사항들을 유의할 필요가 있습니다.

1) 산업재해 예방을 위한 조치 능력과 기술에 관한 평가 기준 – 해당 사업 또는 사업장의 현실을 고려해 안전·보건 확보에 관한 요소와 기준이 낙찰 과정에서 충분히 반영될 수 있도록 해야 하며, 이때 안전·보건에 관한 역량 판단을 위한 세부 기준이 단지 형식적 기준에 그치지 않도록 해야 함.

2) 안전·보건을 위한 관리비용에 관한 기준 – 안전·보건을 위한 관리비용은 수급인이 사용하는 시설, 설비, 장비 등에 대한 안전조치, 보건조치에 필요한 비용과 종사자의 개인보호구 등 안전·보건 확보를 위한 금액으로 정하되 총 금액이 아닌 가급적 항목별로 구체적인 기준을 제시해야 함.

3) 안전·보건을 위한 공사 기간 또는 건조 기간에 관한 기준 – 건설업, 조선업의 경우에는 비용 절감 등을 목적으로 안전·보건에 관한 사항은 고려하지 않은 채 공사 기간·건조 기간을 정해서는 안 되며 기상 상황 중대재해가 발생할 급박한 위험 상황 등 돌발 사태 등을 충분히 고려해 기간에 관한 기준을 마련해야 함.

이상과 같이 법령과 고용노동부, 검찰 등 기관의 자료를 종합해보면, 적격 수급업체 평가를 실시함에 있어 평가 내용에는 우측 내용들이 포함돼야 할 것으로 보입니다.

협력을 넘어 파트너십으로: 적격 수급업체 평가 시기

중대재해처벌법은 수급업체 평가 시기에 관해서 구체적으로 규율하고 있지 않습니다. 하지만, 고용노동부의 도급사업 안전보건관리 운영 매뉴얼에 따르면 도급계약의 입찰 단계에서 도급인은 수급업체에 안전보건수준평가 기준을 제시하고, 입찰서류 검토 단계에서 수급업체 안전보건수준을 평가하며, 해당 평가 결과를 통해 도급업체 계약 단계에서 적격 수급업체를 선정하도록 설명하고 있습니다. 따라서, 도급계약 체결 전에 적격 수급업체 평가가 이뤄지는 것이 바람직합니다.

한편, 중대처해처벌법 제4조 제1항 제1호와 동법 시행령 제4조 제9호에는 반기 1회 이상 평가 기준과 절차에 따라 도급이 이뤄지는 여부에 대한 '점검' 의무도 포함돼 있으므로, 이런 의무 역시 적절히 이뤄질 수 있도록 하는 것이 중요합니다.

- 수급업체 평가서 중 실행 수준 평가 항목에 높은 배점을 부여해 위험요인 평가, 개선조치 등 작업장 안전실행을 강조하고 있는지
- 수급업체의 평가서 각 평가 항목에 세부 평가 기준을 마련했는지
- 수급업체의 최근 3년간 발생한 산업재해 현황을 파악하고 있는지
- 수급업체가 안전보건방침, 안전보건관리를 위한 구체적인 계획을 수립하고 있는지
- 안전보건관리를 위한 인원, 조직이 있는지 또는 수급업체 각 인원, 부서의 역할이 명확히 분담돼 있는지
- 수급업체가 위험성 평가 등 작업 장소의 유해, 위험요인을 파악하고 개선할 수 있는 시스템을 구축하고 있는지
- 수급업체가 유해, 위험 작업에 대한 안전작업허가를 이행하고 있는지
- 정기적으로 보호구 착용 확인 등 안전점검 · 모니터링을 이행하고 근로자들에 대한 안전보건교육을 실시하는지
- 수급업체가 위 안전보건교육 계획 · 이수 기록 등을 관리하고 있는지
- 수급업체가 유해, 위험요인을 파악하고 개선한 내용을 도급인에게 알리는 규정 내지 체계를 갖추고 있는지
- 수급업체가 비상시 대피 · 피해 최소화 대책을 수립하고 있는지

*수급업체에 대한 안전보건 수준 평가 항목은 회사마다 다를 수 있으나, 아래의 사항들이 확인될 수 있는 지표를 설정해 평가할 필요가 있음

여기서 '점검'의 대상은 '업체 선정 시 마련된 기준과 절차가 제대로 이행되고 있는지'로 보여 반기 1회 이상 새로운 평가를 할 필요는 없어 보이고, '각 평가가 적절히 이뤄졌는지' '이후 계약 체결 시 추가적인 고려 요소가 제대로 반영됐는지'를 확인·검토하는 절차로 운용하면 되겠습니다.

지속가능한 협력업체 관리 전략

이상과 같은 기준과 절차를 갖춰 수급업체를 평가한다 하더라도, 이를 지속하는 것은 또 다른 문제일 수 있습니다. 예를 들어, 수급업체 선정 평가를 매 계약마다 진행하는 것은 안전보건을 철저히 관리한다는 측면에서 중대재해처벌법 취지에 부합하는 것으로 보이기는 하나, 유사한 평가를 반복하게 되면 평가의 실효성이 떨어질 수 있으며, 오히려 형식적인 평가를 하게 될 가능성도 있습니다. 이에 다음과 같은 방안을 통해 실효성 있고 효율적인 의무 이행을 고려해볼 수 있겠습니다.

1) 협력업체 풀(Pool)을 구성하는 방안

회사에서 진행하는 업무의 종류에 따라 협력업체 풀을 구성하고, 안전보건 관련 평가를 통과한 협력업체를 풀에 등록한 후 연 1회마다 각 업체에 대한 평가를 새로 진행해 등록업체 풀을 관리하는 방안을 고려할 수 있습

니다. 이런 방식으로 협력업체 풀을 관리한다면, 풀 등록 후 특정 업무 진행 시 별도의 안전보건 평가 없이 업체들 간 작업 능력, 비용, 기간 등 작업 관련 필요 사항만을 비교해 해당 풀 내 협력업체를 선정할 수 있을 것으로 보입니다. 다만, 풀에 등록된 협력업체라 하더라도 계약 체결 후 작업 진행 시 해당 협력업체의 안전보건계획·비용의 변경, 타사와의 작업 중 발생한 산업재해 내역 등은 수시로 변경될 수 있으므로 변경점이 있는 경우 회사에 통지한다는 내용의 확약서를 작성하게 하고, 해당 통지를 받은 경우 향후 평가에 반영하거나 필요시 수시평가를 진행하는 것도 고려할 수 있을 것입니다.

2) 최초 평가 진행 후 연내 추가 체결 건에 대해 평가를 생략하는 방안

회사가 수급업체와 최초 계약 시 안전보건 평가를 진행하고, 최초 계약 후 같은 해 추가 계약을 진행하는 경우 최초 평가 결과를 참고해 계약을 체결하되, 그다음 해 동일 수급업체와 다시 계약을 체결하는 경우 새로 평가를 진행하는 방식을 고려할 수 있습니다. 다만 위 안에서도 말씀드린 바와 같이, 회사와의 작업 중 타사와의 작업에서 산업재해가 발생하는 등 변경점이 있는 경우, 새로운 계약 체결 시 이를 회사에 통지하도록 해, 이를 새로운 계약 체결 시 평가에 반영하도록 하는 것도 고려 가능해 보입니다.

다시는 이런 일 없도록!
재발 방지 대책 수립 철저히

중대재해처벌법은 사업주·경영책임자 등의 안전보건 확보의무의 하나로 '재해 발생 시 재발 방지 대책의 수립과 그 이행에 관한 조치'를 규정하고 있습니다(중대재해처벌법 제4조 제1항 제2호).

소를 잃었으되 외양간은 제대로 고쳐야

흔히 '소 잃고 외양간 고친다'는 속담은 사고 발생 후 뒤늦은 대처를 비판하는 의미로 쓰이지만, 중대재해 예방과 관련해서는 외양간을 제대로 고쳐서 다시는 유사 사고가 재발하지 않도록 해야 합니다. 비록 늦더라도, 재해가 발생한 원인을 근본적으로 파악하고 체계적 대응 조치를 마련해 실행해야만 동일, 유사한 재해나 더 큰 중대재해 발생을 예방할 수 있

기 때문입니다.

재발 방지 대책은 이미 발생한 재해에 대한 조사와 분석, 전문가와 종사자의 의견 수렴 등을 통해 원인을 분석하고 유사한 재해가 발생하지 않도록 개선 대책을 수립하고 이행하는 일련의 사후 조치 절차를 말합니다.

재해 재발 방지 대책을 수립하기 위해서는 먼저 발생한 재해의 원인을 신속하게 조사하고 분석해야 합니다. 사고 조사는 사고 관련 작업자를 참여시키는 것이 좋고, 필요한 경우 전문 지식이 있는 외부 전문기관을 통해 시행할 수도 있습니다. 물론 발생한 재해가 협력업체 인력이 수행하거나 관련돼 있다면 협력업체 인력도 조사에 참여시키는 것이 적절합니다.

재해조사 보고서에서는 사고 조사자의 소

속, 성명, 사고 일시·장소, 조사 일시, 사고 유형, 사고 설비·물질명, 사고 개요와 원인, 사고로 인한 피해의 크기, 수행된 비상조치의 내용·평가, 동종 유사 재해에 대한 재발 방지 대책 등을 포함해 기재하는 것이 바람직합니다.

경영책임자는 위와 같은 절차를 거쳐 수립된 재발 방지 대책은 신속하게 시행하고, 그 결과를 반드시 보고받아야 합니다. 재발 방지 대책의 이행 상황을 점검하는 피드백 체계 등 주요한 재발 방지 대책은 연간 단위로 수립하는 안전보건계획에도 반영해 안전보건 활동과 연계해 수행하는 것도 고려할 수 있습니다. 또한, 수립된 재발 방지 대책은 사고가 발생한 현장뿐 아니라 다른 모든 사업장에서 이행되도록 전파해 모든 사업장에서 발생하지 않도록 관리해야 합니다.

경미한 사고에 대한 재발 방지 대책 수립·이행

재발 방지 대책을 수립해야 하는 대상이 되는 '재해'는 반드시 중대산업재해만을 의미하는 것은 아닙니다.

중대재해처벌법 제4조 제1항 제2호는 중대재해가 아닌 '재해'라고 규정하고 있고, 중대재해가 발생한 경우에만 재발 방지 대책을 수립하는 것은 중대재해 예방이라는 중대재해

사고조사 보고서					
사고조사반	소속	성명		소속	성명
사고명				사고 일시	
인적 피해	소속:		성명:		직급:
물적 피해					
사고 장소		상해 부위		사고 형태	
사고 내용					
사고 원인					
피해 내용					
의사·외부 전문가 소견					
재발 방지 대책					
기타 내용 사고조사 사진					

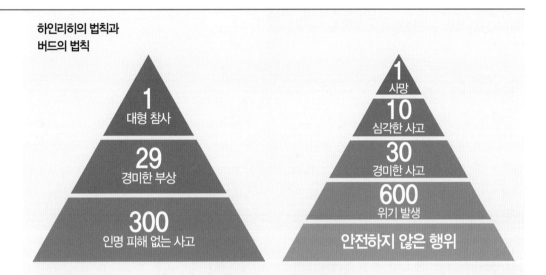

하인리히의 법칙과
버드의 법칙

하인리히 법칙

1:29:300의 법칙으로 중상자가 1명 나오면 그 전에 같은 원인으로 발생한 경상자가 29명, 같은 원인으로 부상을 당할 뻔한 잠재적 부상자가 300명 발생한다고 설명함.

버드의 법칙

1:10:30:600의 법칙으로 1건의 대형 사고가 발생하기 전에 10건의 경미한 부상, 30건의 재산 피해 사고, 600건의 아차사고 또는 실제 사고가 발생한다고 설명함.

처벌법의 근본적인 입법 취지에 어긋나기 때문에 중대산업재해에는 이르지 않는 산업재해도 재발 방지 대책의 대상에 포함하는 것이 타당합니다.

다만, 대표이사 등 경영책임자의 안전보건 확보의무는 중대재해 발생을 예방하기 위한 의무이므로, 중대재해로 이어질 가능성이 전혀 없는 아주 경미한 재해까지 모두 재발 방지 대책의 대상이 돼야만 한다고 보기는 어렵습니다.

하인리히의 법칙과 버드의 법칙

아차사고(Near Miss)는 사고가 일어날 뻔했지만 직접적인 사고로 이어지지 않은 상황을 말합니다.

하인리히의 법칙이나 버드의 법칙에서 볼 수 있듯이 개선 조치가 안 된 아차사고가 중대재해로 발전할 수 있어 아차사고에 대해서도 재발 방지 대책을 수립하고 이행하는 것이 필요합니다.

따라서, 아차사고의 경우에도 해당 사고가 발생한 근본적인 원인을 파악해 개선하는 데 노력을 기울일 필요가 있습니다.

주요한 양형 고려 요소

실제 중대재해처벌법 위반이 문제 된 사건에서 재발 방지 대책의 수립·이행에 관한 사항은 안전·보건 확보의무 위반 여부 그 자체로서 문제 될 뿐 아니라 주요한 양형 고려 요소로도 작용하고 있습니다. 중대재해처벌법 제2호 판결(창원지방법원 마산지원 2023년 4월 26일 선고 2022고합95 판결 항소심인 부산고등법원(창원) 2023년 8월 23일 선고 2023노167 판결도 같은 취지, 대법원 2023년 12월 28일 선고 2023도12316 판결로 확정)에서는 대표이사가 징역 1년의 실형을 선고받으며 이례적으로 법정 구속됐는데, 법원은 대표이사가 과거 사업장 안전보건총괄책임자 지위에서 부담했던 산업안전보건법 위반 전력과 중대재해처벌법 시행 유예기간 동안 발생한 사망 사고를 언급하면서 종사자의 안전권을 위협하는 구조적 문제가 있음을 지적했습니다.

"사업장에서 위와 같이 수년간에 걸쳐 안전조치의무 위반 사실이 여러 차례 적발되고 산업재해 사망 사고까지 발생한 것은 위 사업장에 근로자 등 종사자의 안전권을 위협하는 구조적 문제가 있음을 드러내는 것인데, 이런 상황에서 피고인 B는 종전에 발생한 산업재해 사망 사고로 형사재판을 받는 와중에 2022년 1월 27일 중대재해처벌법이 시행됐음에도 경영책임자로서 안전보건 확보의무를 제대로 이행하지 않았고, 그로 인해 2022년 3월 16일 재차 이 사건 중대산업재해가 발생하기에 이르렀다(창원지방법원 마산지원 2023년 4월 26일 선고 2022고합95 판결)."

위와 같이, 중대재해처벌법 양형 판단에 있어 산업재해가 반복적으로 발생하는 사업장이나 사업장 감독에서 안전조치의무 위반이 다수 적발된 사업장의 경우 기존의 재해 발생 이력 등이 불리한 요소로 작용할 수 있으므로, 중대재해처벌법 대응 차원에서나 실질적인 재해 예방 차원에서 재발 방지 대책의 수립과 이행에 초점을 맞춰 업무를 진행할 필요가 있겠습니다.

정부기관의 개선 시정 등 명령 이행 과정은?

개선, 시정명령 이행 관련 조치

중대재해처벌법은 기본적으로 기업이 스스로 그 유해·위험요인을 찾아내 그 위험성을 평가하고 유해·위험요인의 제거·대체·통제 방안을 마련하고 이행하며 이를 지속적으로 개선할 수 있는 이른바 '자기규율 예방체계'를 갖출 것을 요구하고 있습니다.

이처럼 스스로 찾아낸 유해·위험요인에 대해서도 이를 제거·대체·통제해야 하는데, 하물며 행정기관이 법에 따라 개선·시정을 명령한 사항이 있다면 이를 이행해야 하는 것은 어쩌면 너무나 당연한 의무일 것입니다.

중대재해처벌법은 이 당연한 의무를 다시 한번 강조하기 위해 제4조 제1항 제3호를 규정했습니다. 중앙행정기관·지방자치단체가 관계법령에 따라 개선·시정을 명한 사항이 이행되지 않은 경우, 해당 법령에 따른 처분을 받게 되는 것은 물론이거니와, 개선·시정이 이뤄지지 않은 채 같은 원인으로 중대재해가 발생한 경우에는 개인사업주 또는 경영책임자 등을 처벌할 수 있도록 한 것입니다.

따라서 기업은 중앙행정기관·지방자치단체의 행정처분이 이뤄질 경우를 대비해야 합니다. 개선·시정명령을 기한 내에 신속히 이행하도록 관리하는 것은 물론이고, 경영책임자는 개선·시정명령이 이뤄진 사실뿐 아니라 그 구체적인 내용, 이행 여부를 보고받고 주기적으로 확인할 수 있는 시스템을 반드시 구축해둬야 합니다. 필요하다면 관련 절차를 규정화해두는 것이 바람직할 것입니다. 단, 행정처분이 아닌 행정지도나 권고, 조언은 대상이 되지 않고, 안전·보건 확보와 무관한 내용에 대한 개선·시정명령도 대상이 되지 않을 것입니다.

실무상 가장 흔히 접하게 되는 중앙행정기관의 개선·시정명령은 산업안전보건법 제53조에 따른 '고용노동부 장관의 시정조치명령'입니다. 고용노동부 장관은 사업주가 사업장의 건설물 또는 그 부속건설물과 기계·기구·설비·원재료에 대해 안전·보건에 관해 고용노동부령으로 정하는 필요한 조치를 하지 아니하여 근로자에게 현저한 유해·위험이 초래될 우려가 있다고 판단될 때에는 해당 기계·설비 등에 대해 사용중지·대체·제거 또는 시설의 개선, 그 밖에 안전·보건에 관해 고용노동부령으로 정하는 필요한 조치를 명할 수 있습니다(산업안전보건법 제53조 제1항).

또한 고용노동부 장관은 중대재해가 발생한 사업장의 경우에는 사업주에게 안전보건 개선계획의 수립·시행, 그 밖에 필요한 조치를 명할 수도 있습니다(법 제56조 제2항). 그 밖에도 지방노동관서 감독, 안전보건공단의 패트롤 점검을 통해 개선·시정명령이 내려지는 경우도 유의해야 하겠습니다.

안전보건관계법령상 의무이행 관리조치

한편 중대재해처벌법은 제4조 제1항 제4호에서 사업주 또는 경영책임자 등은 안전·보건관계법령에 따른 의무이행에 필요한 관리상의 조치를 해야 한다고 규정하고 있습니다. 여기서 말하는 '관리상의 조치'가 무엇인지 구체적인 내용은 시행령 제5조에서 정하고 있습니다.

1) 안전 · 보건관계법령의 범위(시행령 제5조 제1항)

이 부분의 의무와 관련해 가장 어려운 점은 도대체 안전·보건관계법령의 범위가 어디까지인가 하는 것입니다.

시행령에 따르면 안전·보건관계법령이란 '해당 사업 또는 사업장에 적용되는 것으로서 종사자의 안전·보건을 확보하는 데 관련되는 법령'을 의미합니다. 산업안전보건법을 비롯해 법률의 목적이 근로자의 안전·보건 확보를 위한 것으로서 관련 규정을 담고 있는 광산안전법, 선원법, 연구실 안전환경 조성에 관한 법률 등이 포함될 수 있습니다. 법 제정 목적이 일반 공중의 안전을 확보하기 위한 것이더라도 그 규정에서 직접적으로 근로자 등 노무를 제공하는 자의 안전·보건 확보를 위한 내용을 규정한 폐기물관리법 등도 포함될 수 있습니다.

적용되는 안전·보건관계법령의 종류는 각 사업장의 특성, 세부적인 공정 현황 등에 따라 얼마든지 달라질 수 있기 때문에 일률적으로 정하기는 어렵습니다. 우리 사업장에 적용되는 안전·보건관계법령을 누락 없이 완벽하게 관리한다는 것은 분명 어려운 일이지만,

그럼에도 불구하고 중대재해처벌법이 정하는 관리상의 조치를 충실하게 이행하기 위해 노력해야 합니다. 고용노동부가 제시하는 예시 등을 기초로 해 각 사업장에 적용되는 안전·보건관계법령 리스트를 구비해두고, 그 리스트를 주기적으로 관리(업데이트)하는 절차를 마련하는 것이 바람직합니다. 자체적으로 마련한 리스트에 포함된 관계법령상의 의무이행 여부만큼은 반드시 반기 1회 이상 누락 없이 점검돼야 할 것입니다.

2) 의무이행 점검과 의무이행에 필요한 조치(시행령 제5조 제2항 제1호, 제2호)

사업주 또는 경영책임자 등은 안전·보건관계법령에 따른 의무이행 여부를 반기 1회 이상 점검해야 하고, 점검 결과 안전·보건관계법령에 따른 의무가 이행되지 아니한 사실이 확인되는 경우에는 인력의 배치, 예산의 추가 편성·집행 등 의무이행에 필요한 조치를 해야 합니다.

이때 주의해야 할 것은 '점검'이 형식적으로 이뤄져서는 안 된다는 점입니다. 의무이행 여부 점검이 과도한 문서 작업 위주로 행해지거나 개선이 쉬운 사항들 위주로만 이뤄진 경우, 현장과 무관하게 문서상으로만 점검된 경우에는 점검 의무가

안전 · 보건관계법령 예시	
법령명	관련 조문
산업안전보건법	노무를 제공하는 사람의 안전 및 보건의 유지 · 증진을 목적으로 하는 법으로 산업안전보건법, 법 시행령 및 시행규칙과 산업안전보건기준에 관한 규칙, 유해 · 위험작업의 취업 제한에 관한 규칙을 모두 포함
광산안전법	법률 제정 목적에 광산근로자에 대한 위해를 포함하며, 광업권자 또는 조광권자의 의무(법 제5조), 안전교육의 실시(법 제7조), 안전규정의 제정 및 준수(법 제11조) 등에서 광산근로자에 대한 위해 방지를 위한 내용 규율
원자력안전법	발주자의 안전조치의무로 방사선작업종사자가 과도한 방사선에 노출되지 아니하도록 안전한 작업환경을 제공하여야 한다는 의무 부과(법 제59조의2), 방사선장해방지조치(법 제91조) 등
항공안전법	산업안전보건법의 일부 의무 적용이 제외된 안전 · 보건관계법령(산업안전보건법 시행령 별표1)
선박안전법	산업안전보건법의 일부 의무 적용이 제외된 안전 · 보건관계법령(산업안전보건법 시행령 별표1)
연구실안전환경조성에 관한 법률	법률 제정 목적에 연구활동종사자의 건강과 생명 보호를 포함하며, 종사자의 안전을 위하여 연구실책임자의 지정(법 제9조), 안전점검(법 제14조) 및 정밀 안전진단의 실시(법 제15조), 교육 · 훈련(제20조) 및 건강검진(제21조) 등의 사항을 규정
폐기물관리법	폐기물관리법의 보호 조항(법 제14조의5)에 따라 시행규칙 제16조의3으로 정해진 보호장구의 지급, 운전자 포함 3명 1조의 작업 등의 안전기준 등
생활물류서비스산업발전법	생활물류서비스 종사자의 보호 조항(법 제36조)은 '생활물류서비스 종사자의 안전을 확보할 수 있도록' 노력해야 한다고 명시
생활주변방사선안전관리법	원료물질 또는 공정부산물의 취급 · 관리 시 관련 종사자의 건강을 위해 시설 및 종사자의 피폭량 등에 대한 조사 등 준수사항(법 제14조), 결함 가공제품에 대한 조치(법 제16조) 등을 규정

연간 교육계획 수립 서식

NO	교육 구분			교육 과정	일정												대상 인원(명)	교육방법 (내·외부)
	안전 보건	공정 안전	수급 업체		1월	2월	3월	4월	5월	6월	7월	8월	9월	10월	11월	12월		
1	○			근로자 정기 안전보건교육		○		○		○		○		○		○	30	집체 (내부)
2	○			신규 채용 시 안전보건교육						○							발생 시	
3	○			관리감독자 안전보건교육					○								9	
4	○			특별안전보건교육							○						5	
5	○			비상사태 대비 교육 및 훈련						○					○		전 사원	
6	○			물질안전보건교육							○						2	
7				공정위험성평가교육										○			10	
8				작업내용 변경자 교육							○						발생 시	

제대로 이행됐다고 판단되지 않을 우려가 있습니다.

또한 점검 결과와 필요한 조치 이행 내역은 지체 없이 사업주 또는 경영책임자 등에게 보고해야 하고, 보고 내용은 체계적으로 기록·관리해야 할 것입니다.

3) 안전·보건교육 실시 점검과 교육 실시에 필요한 조치(시행령 제5조 제2항 제3호, 제4호)

안전·보건관계법령에 따라 의무적으로 실시해야 하는 유해·위험한 작업에 관한 안전·보건에 관한 교육이 있습니다. 산업안전보건법상 각종 교육 외에도 항공안전법상 위험물취급에 관한 교육(항공안전법 제72조), 선박안전법상 위험물 안전운송 교육(선박안전법 제41조의2) 등이 대표적입니다.

사업주 또는 경영책임자 등은 이런 의무 교육이 실시됐는지를 반기 1회 이상 점검해야 하고, 점검 결과 실시되지 않은 교육에 대해서는 지체 없이 그 이행의 지시, 예산의 확보 등 교육 실시에 필요한 조치를 해야 합니다. 필요한 교육이 누락 없이 실시될 수 있도록 연간 교육계획을 수립해두는 것도 좋은 방법입니다.

4) 점검의 위탁

한편, 위와 같은 의무이행 점검(시행령 제5조 제2항 제1호)은 외부 기관에 위탁하는 것이 가능합니다. 이는 중대재해처벌법이 정하는 의무 중 유일하게 외부 위탁이 가능한 의무입니다.

단, 위탁이 가능한 외부 기관은 해당 안전·보건관계법령에 따라 중앙행정기관의 장이 지정한 기관으로 제한되고, 점검을 위탁할 수 있는 사항 또한 안전·보건관계법령에 따라 해당 기관의 업무로 규정된 사항으로 제한됩니다.

점검을 외부 기관에 위탁한 경우에는 점검이 끝난 후 지체 없이 점검 결과를 보고받아야 합니다. 외부에 위탁할 수 있는 것은 '점검'뿐이며, 점검 결과에 따른 '필요한 조치'는 직접 이행해야 한다는 점을 유의하시기 바랍니다.

5부

내 사업장에서 중대재해 사고가 일어났다면… 어떻게 대응해야 할까

중대재해 발생 시 수사 절차는 이렇습니다

중대산업재해가 발생한 경우 곧바로 '중대재해처벌법' '산업안전보건법' '형법(업무상과실치사상죄)'에 대한 수사가 개시됩니다.

'중대재해법' 제6조와 제7조의 중대산업재

게티이미지뱅크

해로 인한 사업주와 경영책임자 등의 처벌과 '산업안전보건법' 위반의 범죄에 관하여는 '사법경찰관리의 직무를 수행할 자와 그 직무범위에 관한 법률(제6조의2 제1항 제5호·제18호)'에 따라 특별사법경찰관인 노동청 근로감독관이 전속적으로 수사를 담당합니다.

'형법'상 업무상과실치사상죄는 사법경찰관리인 경찰이 1차 수사를 독자적으로 담당합니다.

또한 '중대재해법' 중대시민재해 사건(제10조, 제11조)은 근로감독관이 아닌 경찰에게 1차 수사권이 있습니다.

검사는 '검찰청법' 제4조 제1항에 의해 수사를 개시할 수 있는 범죄의

중대재해 발생 시 진행 흐름도

```
중대산업        ┌─ 경찰 ──── 사고 원인조사(형법상 업무상과실치사상
(시민)재해 등   │            죄, 중대재해처벌법 중 중대시민재해)
발생            │            → 참고인 진술 → 피의자신문조사 ──┐
               │                                              │
               │                                              ├→ 검찰   신병처리 등   형사
               └─ 고용 ──── 사고 원인조사(산업안전보건법, 중대재  │  지휘   기소 여부     재판
                  노동부     해처벌법 중 중대산업재해)          ─┘
                            → 참고인 진술 → 피의자신문조사
                       │
                       ├─→ 특별감독 ──┬─→ 사법조치
                       │              └─→ 과태료
                       │
                       └─→ 작업중지 명령 → 개선 조치 → 작업중지 해제 → 작업 재개
```

범위에 제한이 있는데, 중대산업재해 관련 범죄는 검사의 수사 개시 범위에 포함되지 않으므로 검사가 근로감독관과 경찰을 배제하고 1차적으로 직접 수사를 개시할 수는 없습니다.

수사기관은 중대재해가 발생하면 종사자 사망의 결과가 중대재해법 위반 등 범죄로 인한 것인지를 확인하기 위한 수사를 개시합니다. 수사는 사망이라는 결과가 범죄로 인한 것인지, 범죄로 인한 것이라면 누구의 책임인지를 밝히는 과정으로, 증거를 수집하고 '증거로 밝혀진 사실'에 법령을 적용해 책임에 합당한 처벌을 구하고자 하는 행위입니다.

수사기관의 증거 수집은 증거의 종류에 따라 인적증거와 물적증거로 나뉘고, 증거를 수집하는 방법에 따라 임의수사와 강제수사로 구분됩니다.

인적증거는 목격자 등 사건에 관계된 사람들의 진술을 청취하는 것으로 피의자신문조서, 참고인조서, 진술서 등의 형태로 정리됩니다. 범죄를 저질렀다고 의심되는 피의자에 해당된다고 봐 피의자신문을 하기 위해서는 진술거부권 등 형사 소송 절차에서 보장되는 권리를 고지해야만 합니다.

물적증거는 서류, 장부, 수첩, 도구 등 인적증거 외의 모든 증거를 말한다고 볼 수 있습

니다. 최근 물적증거로서 가장 많이 수집 대상이 되는 것은 PC, 노트북, 태블릿, 핸드폰 등 전자기기에 저장된 정보입니다. 전자 정보는 디지털 정보의 특성상 편집 등 변경이 되지 않았다는 것을 수사기관이 입증해야 하는데, 이런 절차를 포렌식 절차라고 부릅니다.

전자기기에는 범죄 혐의와 직접 관련이 없는 다양한 정보가 들어 있을 수 있으므로 전자기기에 저장된 정보가 포렌식 절차를 통해 고정된 이후에 해당 정보 중 범죄 혐의와 관련 있는 정보를 선별하는 과정을 거쳐야 하며, 이때 전자기기의 사용자는 수사기관의 선별 절차에 참여할 수 있는 권리가 보장됩니다.

수사기관은 증거를 수집할 때 많은 경우에는 증거를 소지, 소유, 보관하고 있는 사람에게 해당 증거를 임의로 제출할 것을 요청합니다. 만약 증거의 소지자 등이 이를 거부하는 경우라면 수사기관은 '형사소송법'에 따라 검사가 청구하고 법관이 발부한 영장을 통해 강제로 증거를 취득할 수 있습니다.

증거를 수집하고 이를 분석, 정리해 사실관계가 어느 정도 밝혀지고 사망의 결과가 범죄로 인해 발생한 것이라는 판단이 되면 수사기관에서는 범죄의 책임이 누구에게 있는가를 수사하게 됩니다. 이렇게 해서 범죄의 책임이 있는 사람이 특정되면 그 사람을 피의자로 입건해 범죄 행위, 방법, 일시, 장소 등을 특정한 후 범죄 사실을 구체적으로 구

게티이미지뱅크

성합니다.

이와 같이 피의자가 특정되고 증거에 의해 범죄 혐의가 입증될 수 있다고 판단하면 근로감독관과 경찰은 사건을 검찰에 송치합니다.

송치된 사건을 배당받은 검사는 근로감독관과 경찰의 기소함이 상당하다는 결론이 수집된 증거에 비춰 충분히 입증 가능하다고 판단되는 경우 별도의 추가 수사 없이 바로 법원에 공소를 제기할 수 있습니다.

반면 근로감독관과 경찰의 1차적 판단에 부족한 점이 있다고 보이면, 근로감독관에 대해서는 '검찰청법' 제4조 제1항 제2호(범죄 수사에 관한 특별사법경찰관리 지휘·감독)를 근거로 추가 수사를 진행하도록 지휘하거나, 경찰에 대해서는 '형사소송법'에 따라 보완 수사 요구를 할 수 있습니다. 검사의 지휘 또는 요구를 받은 근로감독관 또는 경찰은 그 지휘 또는 요구받은 사항에 대해 추가 수사를 진행하고 그 결과를 정리해 다시 검사에게 사건을 송부해야 합니다.

한편 근로감독관이나 경찰이 수사 결과 범죄로 인해 사망의 결과가 발생한 것이 아니라는 결론을 얻게 되면, 근로감독관은 기소할 수 없다는 판단이 기재된 의견을 붙여 검찰에 사건을 송치하고, 경찰 역시 의견을 붙여 불송치 기록을 검찰에 송부합니다. 검사가 이런 근로감독관과 경찰의 결론이 타당하다고 판단하면 근로감독관이 송치한 사건에 대해서는 불기소 결정을, 경찰이 송부한 기록은 경찰에 반환함으로써 사건을 종결합니다. 그러나 검사가 불기소 의견에 부족한 부분이 있다고 판단하면 근로감독관에게 추가 수사를 하도록 지휘하거나, 경찰에게는 1회에 한해 재수사 요청을 할 수도 있습니다.

검사가 법원에 공소를 제기하고자 할 때는 서면 재판인 약식명령을 청구해 벌금형을 구형할 수도 있고, 사안이 중하거나 피의자가 범죄 혐의를 부인해 정식의 절차에 따른 재판이 필요하다고 판단되면 구공판을 구할 수 있습니다. 최종적인 형의 결정은 법원의 재판을 통해 확정됩니다.

게티이미지뱅크

각 기관은 수사에서 어떤 일을 맡을까

중대재해가 발생한 경우 노동청, 경찰, 검찰, 안전보건공단, 국립과학수사연구소 등 여러 수사기관이 함께 사업장에 대한 수사를 진행합니다.

중대재해에 대한 1차 수사는 노동청과 경찰에서 진행하는데, 노동청은 산업안전보건법 위반죄·중대재해처벌법상 중대산업재해 사건에 관한 수사와 작업중지 명령 등을 담당하고, 경찰은 형법상 업무상과실치사상죄·중대재해처벌법상 중대시민재해 사건에 관한 수사를 담당합니다.

검찰은 1차 수사 단계에서는 노동청 근로감독관에 대한 수사 지휘, 각종 영장 청구 역할만 담당하다가, 노동청과 경찰에 의해 사건이 송치되면 보완 수사를 진행하고, 기소 여부를 결정합니다. 안전보건공단과 국립과학수사연구원은 사고 발생의 원인을 분석하는 역할을 합니다.

이와 같이 각 기관들은 동시에 수사를 진행하면서, 상황에 따라 서로 유기적으로 협력하기도 하고, 독립적으로 수사를 진행하기도 하는 관계입니다.

중대재해 사고 발생 시 수사 절차 개관

재해가 발생한 사업장에서는 여러 기관을 상대로 대응하다 보니, 혼선이 발생하거나 수사 상황을 파악하기 어려운 경우가 많고, 기관들과 마찰이 발생하거나 불필요한 오해가 생기는 일도 종종 있습니다. 이하에서는 각 기관별로 수사에서 하는 역할에 대해 구체적으로 알아보겠습니다.

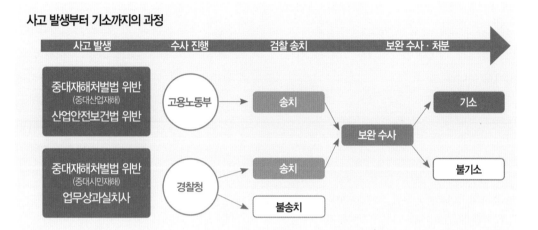

사고 발생부터 기소까지의 과정

| 사고 발생 | 수사 진행 | 검찰 송치 | 보완 수사 · 처분 |

중대재해처벌법 위반
(중대산업재해)
산업안전보건법 위반 → 고용노동부 → 송치

중대재해처벌법 위반
(중대시민재해)
업무상과실치사 → 경찰청 → 송치 / 불송치

송치 → 보완 수사 → 기소 / 불기소

노동청

중대재해 사고가 발생하게 되면, 노동청에서는 지방노동청 광역중대재해관리과 근로감독관들이 사업장에 방문해 사고 경위를 파악하고, 현장 증거를 수집하며, 사고 원인을 조사하기 위해 사고 당일과 그로부터 수일간 현장조사를 실시하게 됩니다.

현장 사진 촬영, 관련 자료 확인과 제출 요구, 목격자 등 관련자 진술 청취, 진술서 작성 등을 진행하며, 중대재해처벌법에 따른 안전보건관리체계가 잘 갖춰져 있는지, 산업안전보건법에 따른 안전조치가 제대로 이뤄졌는지를 확인하기 위한 조사를 진행합니다.

이와 같은 현장조사를 통해 사고와 사업장에 대한 대략적인 정보가 파악되고 나면, 사고에 관련된 사업장 관계자들을 노동청에 소환해 조사를 진행합니다.

주로 참고인 신분으로 관련자들을 조사해 사고가 발생한 경위와 사업장의 안전보건관리체계 등을 확인한 뒤, 수사할 대상을 입건해 피의자로 조사합니다. 사안에 따라 차이가 있으나, 중대재해법처벌법 위반으로 피의자를 입건하는 경우에는 사전에 검찰의 지휘를 받는 절차를 거칩니다.

피의자 조사를 완료하고, 여러 자료와 증거를 종합해 범죄의 혐의가 있다고 판단되면, 근로감독관은 검찰의 지휘를 받아 사건을 검찰로 송치합니다. 이런 수사 절차와 별도로, 노동청 지청 산재예방지도과에서는 중대재해 발생 사업장에 대해 작업중지 명령을 할 수 있습니다. 이 경우 사업장에서는 사고 발생 작업에 대한 안전보건 실태 점검과 개선 조치를 한 후에 작업중지 해제 신청을 해 작업 중지를 해제해야만 작업을 할 수 있습니다. 또한, 사업장에서 다수가 사망하거나, 반복적으로 중대재해 사고가 발생하는 경우에는, 노동청에서 수사와 별도로 특별감독을 실시하기도 합니다.

경찰

경찰에서는 112 출동을 담당하는 지구대·파출소와 경찰서 강력팀, 과학수사팀 등에서 사업장에 방문해 현장 보존, 증거 수집과 사고 경위를 파악한 뒤 경찰서 강력팀 또는 시·도경찰청 강력범죄수사대에 인계해 수사를 진행합니다.

사업장 관계자들에게 업무상과실치사상죄의 과실이 존재하는지를 확인하기 위한 수사를 진행하는 것으로, 현장조사와 소환조사 등 수사의 방법은 노동청과 유사하며, 노동청 수사와 동시에 진행되므로 상황에 따라 두 기관이 협조해 합동 압수수색을 진행하거나, 임의 제출 자료를 공유하는 경우도 있습니다.

업무상과실치사상죄는 처벌 대상자의 지위나 직책이 구체적으로 특정돼 있지 않고, 과실이 있는 업무자면 누구나 처벌의 대상이 될 수

게티이미지뱅크

있으므로, 경찰은 노동청보다 넓은 범위에서 수사를 진행하며, 특히 최근에는 사고 작업의 직접 관련자가 아닌 관리자들까지도 업무상과실치사상 혐의로 입건해 조사하는 경우도 있습니다.

수사가 완료되면, 경찰은 수사의 1차 종결권을 갖고 있으므로, 피의자로 입건한 사람들 중 혐의가 인정되지 않는 사람에 대해서는 불송치 결정을 하고, 혐의가 있다고 판단되는 경우에만 검찰로 사건을 송치합니다.

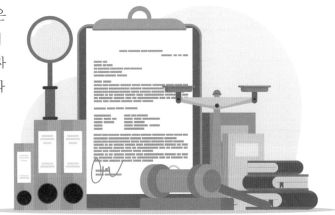

검찰

검찰은 1차 수사 단계에서는 노동청 근로감독관에 대한 수사 지휘와 노동청, 경찰의 각종 영장 신청에 대한 영장 청구를 담당하며, 사건 송치 이후에는 추가 조사 등 보완 수사를 진행하고, 피의자들의 기소 여부를 결정합니다. 혐의가 인정되는 경우에는 기소 결정을 해 재판에 회부하고, 혐의가 인정되지 않는 경우에는 불기소 결정을 하게 됩니다.

안전보건공단, 국립과학수사연구원

안전보건공단은 고용노동부 산하 기관으로, 노동청의 조사 지원 요청에 따라 재해 원인을 조사해 재해조사의견서를 작성하는 역할을 하고, 국립과학수사연구원은 행정안전부 소속으로 경찰, 검찰의 요청에 따라 사고 원인 등을 감정해 감정서를 작성하는 역할을 합니다.

안전보건공단의 재해조사의견서는 과학적 재해 원인 이외에도 작업 내용, 작업 환경, 안전보건관리체계 등을 종합적으로 고려해 재해 발생 원인과 예방 대책을 제시하는 반면, 국립과학수사연구원의 감정서는 사고의 원인에 관한 과학적 분석만을 수행하는 차이가 있습니다.

노동청, 경찰과 검찰은 이런 조사 의견과 감정 내용을 바탕으로 수사를 진행하며, 실제로 사고 원인이 무엇인지가 사업장 관계자들의 처벌 여부에 중요한 영향을 미치기도 합니다.

현장 보존은 필수! 문서 관리도 꼼꼼히

중대산업재해가 발생한 경우 산업안전보건법에 따라 고용노동부 장관은 원인 규명 또는 산업재해 예방 대책 수립을 위해 발생 원인을 조사하고, 안전보건 개선 계획의 수립, 시행이나 그 밖에 필요한 조치를 명할 수 있습니다.

사고 원인에 따라 사고 방지 대책이 달라질 수 있고, 해당 중대산업재해의 원인을 제대로 찾아내지 못하면 또 다른 사고가 발생할 수 있기 때문에 중대산업재해 발생 시 정확한 사고 원인 파악을 위해 원인조사가 진행되는 것입니다.

사고 현장의 모습은 직·간접적 원인뿐 아니라 실제의 노동 과정과 노동 관행 등이 잠재적인 위험을 확인할 수 있는 단서가 되기도 하므로, 사고의 원인을 종합적으로 파악하기 위해서는 사고 현장을 온전히 보존하는 것이 매우 중요합니다. 정확한 사고 원인을 파악하고 올바른 사고 방지 대책을 마련하기 위하여 현장 보존은 필수라고 할 수 있습니다.

산업안전보건법 제56조 제3항은 고용노동부 장관의 원인 조사를 방해하는 행위를 금지하면서 중대산업재해 발생 현장을 훼손하는 행위도 명시적으로 금지하고 있습니다.

산업안전보건법 제56조(중대재해 원인조사 등)

① 고용노동부 장관은 중대재해가 발생했을 때에는 그 원인 규명 또는 산업재해 예방 대책 수립을 위해 그 발생 원인을 조사할 수 있다.

② 고용노동부 장관은 중대재해가 발생한 사

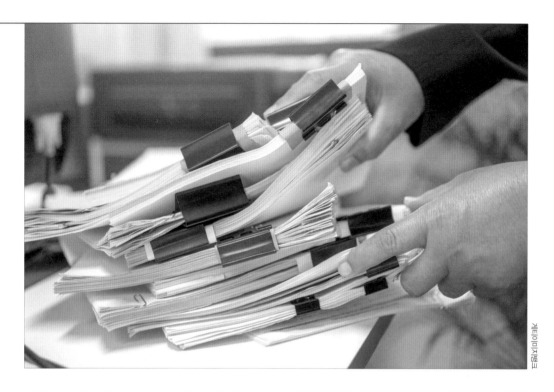

업장의 사업주에게 안전보건 개선 계획의 수립·시행, 그 밖에 필요한 조치를 명할 수 있다.

③ 누구든지 중대재해 발생 현장을 훼손하거나 제1항에 따른 고용노동부 장관의 원인 조사를 방해해서는 아니 된다.

사고 현장을 훼손하는 경우 형사처벌 대상이 될 수도 있는 만큼 현장 보존 필요성과 방법에 대해 명확하게 숙지해둬야 합니다.

사고 현장은 응급 구조를 위한 구조 활동 외에는 생산 활동 등 다른 업무가 이뤄지지 못하도록 제한해야 하고, 사고 현장의 훼손을 막기 위해 출입금지 표시를 분명히 하는 등 출입통제 조치도 해야 합니다. 이와 함께 사고 현장을 사진과 동영상 등으로 촬영해놓고, 현장에서의 사고 전후 상황을 확인할 수 있는

- 사고 현장은 응급 구조를 위한 구조 활동 외의 다른 업무 금지
- 현장 훼손을 막기 위해 출입금지 표시를 분명히 하여 접근 제한 조치
- 현장 상황을 사진과 동영상 등으로 촬영하고, CCTV도 미리 확보

CCTV도 확보해두는 것이 필요합니다.

한편, 중대산업재해 발생 이후 원인조사와 수사 과정에서는 해당 사업장에서 산업안전보건법이나 중대재해처벌법상 여러 의무의 이행이 제대로 됐는지 확인하게 되는데, 대

부분 관련 문서를 통해 확인이 이뤄질 수밖에 없으므로 평상시에 의무의 실제 이행 내역을 체계적으로 문서화해 보관할 필요가 있습니다.

고용노동부나 수사기관에서 요구하는 자료는 ① 인사·조직 관련 자료 ② 예산·지출 관련 자료 ③ 안전과 보건 관련 자료 등이 있습니다. 구체적으로는 안전과 보건 확보 목표와 경영방침의 설정에 관한 자료, 안전과 보건 전담조직에 관한 자료, 유해·위험요인 확인·개선에 관한 자료, 안전과 보건에 관한 인력·시설·장비의 구비와 유해·위험요인 개선에 필요한 예산 편성과 집행 관련 자료 등이 포함됩니다.

중대산업재해 예방을 위한 사전 안전·보건 점검 인력 배치, 관련 예산 산정, 필수 인력들

게티이미지뱅크

에 대한 교육 등 안전과 보건 의무 이행과 관련된 많은 자료들이 누락되지 않도록 평소에 체계적으로 문서화해 관리해야 합니다.

또한 위와 같은 사전 조치뿐 아니라 사고 발생 이후 실제로 사전에 마련된 절차에 따라 의무이행이 됐는지도 매우 중요하므로, 사고 발생 시 관련 대응 경과를 문서로 남겨둘 수 있도록 지속적으로 주의를 환기할 필요가 있습니다. 이와 관련해 본사와 사업장에서 재해 위험 발생 시 작업중지·종사자 대피·위험요인 제거·구호 조치·추가 피해 방지 등 대응조치의 방법과 절차 등을 기재한 매뉴얼과 점검 자료 등을 마련해둬야 하고, 실제 사고 발생 시 해당 매뉴얼에 따라 조치가 이뤄질 수 있도록 노력해야 합니다.

원인조사나 수사 과정에서 회사 법무팀을 통해 평소에 보관하고 있는 법 위반 여부에 대한 내부 법률 검토 의견서나 외부 로펌의 법률 검토 의견서를 확보하는 경우도 있습니다. 경우에 따라 수사가 확대되는 단서가 되거나 오해의 소지가 있는 내용이 포함돼 있기도 하므로 법무 관련 자료의 경우 열람이나 보관 범위를 제한하는 등 보안에 주의를 기울일 필요가 있습니다.

작업중지 명령 진짜 작업을 멈춰야 할까?

'작업중지 명령서'는 현장에 부착되는 순간 실로 그 파급력이 엄청납니다. 제조 사업장, 건설 현장, 화학공장 등 업종과 규모에 관계없이 작업중지 명령서에 적혀진 작업중지 범위와 내용에 따라 해당 작업을 중지해야 하기 때문입니다.

건설 현장에서 타워크레인으로 중량물을 들다가 낙하 사고가 발생해 하부에 있던 근로자가 사망하는 중대재해가 발생했다고 가정해보겠습니다. 아마도 작업중지 명령서에는 작업 현장에 있는 모든 타워크레인의 중량물 취급 작업에 대해 부분 작업중지 명령이 내려질 가능성이 높습니다. 만약 건설 현장에서 타워크레인을 사용하지 못한다면 그 현장은 실질적으로 어떤 공사도 진행하지 못하게 될 것입니다. 왜냐하면 아파트의 경우 층고를

높이기 위해서 철근 등 무거운 건축 자재들을 계속해서 타워크레인으로 건축 중인 층수까지 올려야 하는데 이를 할 수 없다면 공정 자체를 진행하기가 실질적으로 불가능하기 때문입니다.

제조 사업장의 경우에도 완제품이 생산되기 위해서는 입고부터 출하까지 연속적인 공정이 순차적으로 진행돼야 하는데 이 중 일부 설비의 가동이 정지된다면 전후 공정 자체의 진행이 어려우므로 완제품 생산이 불가능하게 됩니다. 즉 부분 작업중지 명령이라 하더라도 사업장 입장에서는 실질적으로는 전면 작업중지와 동일하게 체감될 수 있습니다.

고용노동부 통계에 따르면 최근 3년간 평균 작업중지 기간은 40.5일 정도입니다. 한국경영자총협회의 중대재해 발생으로 작업중지 명

작업중지 명령서 사례.

령을 받은 사업장 10개 회사에 대해 조사한 결과를 보면, 작업중지 손실 규모가 작게는 수억원에서 많게는 수백억원 이상에 달하고 있습니다. 즉, 기업 규모나 건설 현장의 규모가 크면 클수록 작업중지 명령으로 인해 막대한 경제적 피해가 발생할 수밖에 없습니다.

사업장에서 중대재해 등이 발생한 경우 해당 지역을 관할하는 고용노동부 근로감독관은 현장에 나가 작업중지 대상과 범위 등에 따라 즉시 작업중지 명령을 실시합니다.

이때 작업중지 명령 시에는 사업주에게 작업중지 명령의 근거, 사유와 해제 절차와 필요 조치 사항을 설명하고 명령서를 작업자들이 쉽게 볼 수 있는 장소에 부착하거나 작업중지 범위가 넓은 경우에는 명령서를 여러 곳에 부착합니다.

화학물질이 다량 노출되거나 토사 붕괴 등 근로감독관이 현장에 도착하기 전에 2차 재해가 발생할 가능성이 있다고 판단되면 유선으로 작업중지 명령을 먼저 내리고 현장에 도착하자마자 작업중지 명령서를 부착하기도 합니다.

작업중지는 '전면 작업중지'와 '부분 작업중지'로 구분됩니다. '전면 작업중지'는 ▲중대재해 발생 이후 2차 재해 발생 위험이 있어 근로자나 일반 공중에 상당한 피해가 우려되는 경우 ▲사업장 내 다른 장소에서도 재해 발생 작업과 유사한 작업이 행해질 것으로 예상돼 동종, 유사 재해 발생이 우려되는 경우 ▲재해 발생 과정에서 사업주의 안전보건조치 위반이 판단돼 사업장 전반의 안전보건관리 수준이 미흡할 것으로 예상되는 경우에 실시합니다. '부분 작업중지'는 ▲전면 작업중지로 인해 안전 확보에 필수적인 시설이나 설비의 유지 가동 작업까지 중단될 시 오히려 근로자나 국민의 생명, 안전에 중대한 피해를 유발할 우려가 있는 경우 ▲해당 작업만 중지하더라도 2차 재해를 예방할 수 있다고 판단되는 경우에 실시됩니다.

개정된 산업안전보건법에서 '전면 작업중지'는 '산업재해가 확산될 수 있다고 판단되는 불가피한 경우'로 '일부 작업중지' 명령은 '중대재해가 발생한 후 산업재해가 다시 발생할 급박한 위험이 있는 경우'로 규정하고 있습니다. 경제단체에서는 중대재해가 발생한 현장의 작업중지 명령 요건을 명확히 규정할 것을 요구하고 있으며, 이에 따른 산업안전보건법 개정안을 고용노동부에 지속적으로 건의하고 있습니다. 경제단체는 '중대재해가 발생한 해당 작업과 동일한 작업에서 중대한 안전시설의 미비로 즉시 급박한 위험의 제거가 불가능한 경우'거나 '사업주가 긴급·임시 조치를 취했음에도 불구하고 급박한 위험을 제거하지 못한 경우' 등과 같이 세부 요건을 명확하게 규정해야 한다고 제안했지만 개정 산업안전보건법에 반영되지 않았습니다.

작업중지 명령 조건인 '급박한 위험'과 '불가피한 경우'의 실질적인 판단은 어떻게 이뤄지

게티이미지뱅크

고 있을까요?

대부분 해당 중대재해를 담당하는 고용노동부 감독관이 현장 상황과 사고 원인 등을 종합적으로 판단한 후 감독관 재량에 의해 결정이 이뤄질 수밖에 없는 것이 현실입니다.

현재 중대재해가 발생한 거의 모든 작업 현장은 작업중지 명령이 내려지고 있습니다. 다만 중대재해가 발생했음에도 작업중지 명령을 받지 않는 경우도 있기는 합니다. 아래 표와 같이 중대재해 발생 사업장 중 약 22%가 작업중지 명령을 받지 않았음을 알 수 있습니다.

고용노동부에서 발표한 자료에 따르면, 작업을 종료하고 내려오던 중 미끄러져 추락하거나 화재로 인한 사업장 전소 등으로 대상이 소멸되거나 요양 중 사망, 위험 기인물 철거

완료 등 해당 사업장에 산업재해가 다시 발생할 급박한 위험이 있다고 보기 어려웠던 경우에 한해 아주 제한적으로 작업중지를 명령하지 않고 있습니다.

그렇다면 작업중지 명령이 내려진다면 작업을 멈춰야 할까요?

작업중지 명령이 내려진 상황에서 작업을 진행하다가 적발된 경우 5년 이하 징역 또는 5000만원 이하 벌금의 처분을 받게 됩니다.

간혹 부분 작업중지 명령의 범위를 사업장 입장에서 유리하게 해석해 임의대로 작업을 하는 경우 근로감독관의 현장 확인 시 적발되면 중대재해 조사와 별도로 산안법 위반에 따른 피의자로 전환돼 수사를 받을 수 있습니다. 따라서 하고자 하는 작업이 부분 작업중

최근 5년간 업종별 · 재해 발생 유형별 중대재해 발생 사업장 수 및 작업중지 명령 건수

(단위:개, 건)

	구분	2018년	2019년	2020년	2021년	2022년 8월
업종별 (작업중지)	**총합**	794(637)	799(616)	761(561)	696(539)	426(361)
	건설업	426(370)	445(353)	433(331)	370(296)	214(191)
	제조업	199(174)	201(169)	197(151)	178(144)	124(107)
	기타 업종	169(93)	153(94)	131(79)	148(99)	88(63)
재해 유형별 (작업중지)	**총합**	794(637)	799(616)	761(561)	696(539)	426(361)
	떨어짐	381(292)	371(279)	350(260)	330(248)	168(135)
	끼임	106(95)	108(92)	96(78)	99(87)	72(62)
	부딪힘	39(33)	42(35)	41(37)	49(43)	28(26)
	깔림	78(69)	74(69)	60(47)	48(44)	36(31)
	맞음	56(49)	68(56)	62(44)	49(46)	42(40)
	기타(화재 · 폭발 · 질식 · 익사 · 감전 등)	134(99)	136(85)	152(95)	121(71)	80(67)

*( )안은 건수   *자료:고용노동부

최근 5년간 업종·재해 발생 유형별 작업중지 명령 제외건

(단위:건)

구분		2018년	2019년	2020년	2021년	2022년 8월	전체 합계
업종별 (작업중지)	총합	157	183	197	157	65	759
	건설업	56	92	102	74	23	347
	제조업	25	32	46	34	17	154
	기타 업종	76	60	52	49	25	262
재해 유형별 (작업중지)	총합	157	183	200	157	65	762
	떨어짐	89	92	90	82	33	386
	끼임	11	16	18	12	10	67
	부딪힘	6	7	4	6	2	25
	깔림	9	5	13	4	5	36
	맞음	7	12	18	3	2	42
	기타(화재·폭발· 질식·익사·감전 등)	35	51	57	50	13	206

*자료:고용노동부 제출 자료

지 명령의 범위에 포함되는지 애매한 경우에는 반드시 담당 근로감독관에게 확인을 받은 후 작업을 실시해야 합니다.

만일 경제적 손실 등을 고려해 임의대로 작업중지 명령을 위반해 작업을 하다가 근로자가 그 업무로 인해 사망한 경우 고용부는 행정기관의 장에게 관계법령에 따라 해당 사업의 영업정지나 그 밖에 제재를 할 것을 요청할 수 있습니다. 또한 공공기관의 장에게 그 기관이 시행하는 사업의 발주 시 필요한 제한을 해당 사업자에게 할 것을 요청할 수 있고 그 요청을 받은 관계 행정기관의 장 또는 공공기관의 장은 정당한 사유가 없으면 이에 따라야 합니다. 그러므로 눈앞의 경제적 손실만 고려해 임의대로 작업을 하는 경우에는 부분

작업중지가 아닌 전면 작업중지 또는 영업정지 처분을 받고 그에 따른 산안법 위반에 따라 형사처벌도 받아야 하는 극한의 상황에 처할 수 있으니 절대로 작업중지 명령을 위반해서 작업을 하면 안 됩니다.

아울러 작업중지 해제는 사업주가 중대재해 사고 원인을 분석하고 재발 방지 대책을 마련해 작업중지 명령 해제를 신청하게 되면 관련 규정에 따라 근로감독관이 현장을 방문해 안전보건 개선 조치 여부 등을 확인하고, 고용노동부, 안전보건공단, 학계 등 안전보건 전문가로 구성된 작업해제심의위원회에서 유해·위험요인 개선, 안전보건을 위한 필요한 조치를 확인한 후 작업중지 해제 여부를 결정하고 있습니다.

특별근로감독관이 온다고 합니다

특별감독이 무엇인가요?

사업장에 중대재해가 발생했다는 소식은 누가, 언제 들어도 마음이 무겁습니다. 그런데 사업장에 중대재해가 발생했는데, 특별감독까지 나온다고 하면 더욱 놀라고 당황할 수밖에 없습니다.

중대재해 사건이 발생하는 경우 고용노동부는 근로감독관을 사고 장소로 보내 조사를 하도록 하고, 특별감독을 실시하기도 합니다.

이때, 특별감독은 중대재해와 직접 관련된 부분을 포함해 사업장 전반에 대해 산업안전보건법 준수 여부를 철저히 점검합니다.

근로감독관 집무 규정(고용노동부 훈령 제445호) 제9조에서는 하나의 사업장에서 안전·보건상의 조치 미비로 '동시에 2명 이상이 사망'하거나 '최근 1년간 3회 이상의 사망재해가 발생' 혹은 '작업중지 등 명령 위반으로 중대재해 등이 발생'한 경우 산업안전보건본부장, 지방고용노동청장 또는 경기지청장이 특별감독을 실시할 수 있도록 정하고 있습니다. 즉, 사회적으로 관심을 가질 만한 이른바 '대형 사고'가 발생한다면, 특별감독의 대상이 돼 근로감독관이 사업장으로 오는 것이지요.

특히 고용노동부는 중대재해처벌법의 시행에 맞춰 '2022년 산업안전감독 종합계획'을 발표하면서, 중대재해가 발생한 사업장의 특별감독 대상을 본사 또는 소속 사업장까지 포함하고, 특별감독의 결과가 해당 기업 소속의 모든 현장에서 이행되도록 하고 있는 등 특별감독의 대상과 결과를 확대했으니,

이런 특별감독에 더욱 신중히 대응해야 하는 것입니다.

특별감독은 어떻게 진행되나요

특별감독은 크게 '감독 준비 → 감독 실시 → 감독 결과 보고와 조치'의 순서로 진행됩니다. '감독 준비' 과정 역시 일반적인 근로감독의 준비와는 다른데요. 특별감독의 경우 본부장 등이 감독의 범위와 시기를 본부장 등이 정해 계획하고, 이를 다시 노동부 장관에게까지 보고하게 됩니다.

감독의 범위가 가장 궁금하실 겁니다.

감독 점검 항목은 '사업장 개요, 안전보건 관리체제, 산업재해 발생 보고와 기록 관리, 법령 고지 등, 안전보건교육 실태, 도급 사업 시 안전보건조치, 유해·위험기계·기구와 설비 관리, 금지·허가 대상 물질 등 관리, 석면 취급 근로자 보건 관리, 물질 안전보건 자료, 근로자 보건 관리, 안전보건 기준, 위험성 평가, 그 밖의 고용 형태에서의 산업재해 예방, 기타 안전·보건에 관한 사항'입니다(집무 규정 별표 2, 3). 이때, 무제한적으로 위 사항들을 확인하는 것은 아니고, 감독 실시일 전 3년간 해당 사업장에서 이뤄진 산업안전보건법 관련 사항을 대상으로 하는 것이므로, 근

게티이미지뱅크

산업 · 건설 안전 분야별 특별근로감독관이 확인하는 서류

구분	서류	구분	서류
공통 분야	고용노동부 관련 문서철(산업안전보건 분야 관련)	산업 안전 분야	공정안전보고서 관련 서류
	안전보건 관리 규정, 단체협약, 취업규칙, 근로자 명부		유해 · 위험방지계획서 관련 서류
	산업안전보건위원회 구성 · 운영 관련 서류		기타 서류
	관리책임자, 안전 · 보건관리자 등 안전 · 보건관계자 선임 관련 서류	건설 안전 분야	산업안전보건비용 계상 · 집행 현황
	위험성 평가에 관한 서류		유해 · 위험방지계획서 관련 서류
	안전 · 보건관계자(관리감독자 포함) 직무수행 관계 서류		안전 · 보건 협의체 구성 · 운영 서류
	기타 서류		순회점검 등 서류

로감독관이 지나치게 많은 범위의 자료를 요구할 수는 없습니다(위 집무 규정 제12조 제3항 본문).

물론, 산업안전보건법 위반 행위가 이전부터 반복되거나 그 이전에도 산업안전보건법 위반이 있었다고 판단할 만한 상당한 이유가 있다면, 3년 이전의 자료도 확인할 수 있습니다(위 집무 규정 제12조 제3항 단서).

'감독 실시' 과정에서는 특별감독 과정에 참여하는 것과 근로감독관이 요구하는 서류를 적절히 준비하는 것이 중요합니다.

우선 근로감독관은 사업주나 안전보건관리책임자를 감독에 참여시키도록 하고 있습니다. 만약 사업장에 안전보건관리책임자가 지정돼 있지 않더라도 당황할 필요 없이, 해당 사업장의 사업을 실질적으로 총괄·관리하는 사람임을 알리고 특별감독에 참여하면 됩니다(위 집무 규정 제14조 제6항).

근로감독관은 감독하려는 분야에 해당하는 장부 또는 서류의 제출을 요구하고, 이를 조사하는데, 주요 서류는 위 표와 같습니다.

근로감독관이 위와 같은 과정으로 특별감독을 마치면, 사업주나 안전보건관리책임자 등 특별감독에 참여한 사람의 기명날인 또는 서명을 받도록 하고 있으니, 만약 특별감독 과정에서 소명한 사항이 부당하게 거부됐다면, 이 과정에서 다시 소명해볼 수 있습니다(위 집무 규정 제14조 제12항).

'감독 결과 보고와 조치'를 설명드리면, 근로감독관은 특별감독을 마친 후 '감독 등 내용, 종합 의견 등'을 특별감독 종료일부터 3일 이내에 결과 보고서에 작성해 소속기관장에게 보고하게 됩니다(위 집무 규정 제15조 제1항).

이후 근로감독관은 감독 결과에 따라, 산업안전보건법상 형사처벌 대상이라면 범죄인지

케티이미지

적절히 서류가 제출됐는지 등을 각별히 신경 써야 합니다. 만약 시정명령 등을 받게 된다면, 이를 사업주는 근로자가 잘 볼 수 있는 장소에 게시해야 합니다(위 집무 규정 제16조 제3항).

보통 시정지시서나 시정명령서에서 정한 기간은 중대재해 발생과 직접 관련성이 높은 안전·보건상 조치라면 10일 이내, 그 밖의 사항은 20일 이내에 시정하도록 하고 있습니다(위 집무 규정 제16조 제4항).

이때, 조치에 시일이 걸리는 경우라면 근로감독관에게 그 사유를 설명해서 최초(1차) 시정 기간의 범위 내에서 시정 기간을 연장해 달라고 요청할 수 있으니, 시정하는 데 시일이 걸린다면 미리 근로감독관에게 그 사유를 명확히 설명할 필요가 있습니다(위 집무 규정 제16조 제5항).

이처럼, 중대재해 사고 이후 펼쳐지는 일들은 단순하지 않습니다.

사고의 원인을 확인하고, 개선 방안을 계획하고 실행하며, 더 안전한 사업장을 만들어나가는 과정이고, 이런 일들은 결코 쉽게 이뤄지지는 않습니다.

다만, 위와 같은 특별감독 과정은 재발 방지와 안전한 근무 환경 조성을 만들어나가는 것이기에, 특별감독이 이뤄지는 과정을 잘 알고 각 단계에 맞춰 적절히 대응할 필요가 있습니다.

보고를 하거나, 시정명령, 시정지시 또는 과태료 부과를 특별감독 결과 보고일로부터 5일 이내에 해야 합니다.

이때, 5일을 초과해 위와 같은 조치를 한다면 근로감독관은 지연 사유를 별도로 보고해야 하므로, 대부분 5일 이내에 조치가 이뤄집니다(위 집무 규정 제16조 제1항).

즉, 특별감독의 진행 자체가 집무 규정상 신속하게 이뤄지도록 정해져 있기 때문에, 특별감독의 범위가 부당하게 넓은 것은 아닌지,

압수수색, 구속영장 단계에서
최선의 대응은

압수수색 단계

중대재해가 발생하게 되면 노동청에서 1차적으로 산업안전보건법과 중대재해처벌법 혐의에 대해 수사를 개시하게 되고, 경찰에서는 1차적으로 업무상과실치사상죄 혐의에 대한 수사를 개시하게 되며, 위 사건들이 검찰에 송치된 이후에는 2차적으로 검찰에서 모든 수사를 총괄해 진행해 피의자들에 대한 기소 여부를 결정하고 있습니다.

노동청과 경찰은 사고 발생 직후부터 현장조사를 진행하게 되는데 대부분의 사고 원인과 관련된 자료들은 현장조사 시에 임의로 제출받는 형식이기 때문에 중대재해 사고에서 수사기관의 압수수색이 있게 되는 경우는 흔히 일어나는 일이 아닙니다.

다만, 수사기관에서 사고 현장조사를 하면서 임의로 제출받은 자료만으로 사건의 진상을 파악하기 어렵다고 판단하는 경우에만 예외적으로 압수수색을 진행하게 되는데, 이 경우 수사기관에서 강제수사의 필요성이 있는 심각한 사안이라는 판단을 했을 가능성이 높습니다.

이와 같은 판단에 대한 법원의 승인도 있었다는 의미가 되므로 압수수색 이후에도 수사가 상당한 강도로 진행이 될 가능성이 높습니다.

따라서, 수사기관에서 압수수색이 나온다면 수사관들에게 변호인 입회 아래 압수수색을 받고 싶다는 의사를 명확히 밝히고 변호인의 조력과 함께 압수수색이 진행되게 하고 압수 과정에서 사고와 관련이 없는 자료가 수사기관에 압수되는 등 부당한 피해를 입지 않도

록 하는 것이 바람직합니다.

아직 변호인 선임이 되지 않아 부득이 변호인의 입회 없이 수사기관의 압수수색을 받게 되는 경우라면 수사기관이 제시하는 압수수색 영장을 꼼꼼히 읽어보고 현재 수사기관이 어떤 범죄 혐의를 의심하고 있는지, 법원에서 어떤 물건에 대한 압수를 허가한 것인지, 수사기관이 피의자로 누구를 입건한 상태인지 등을 확인 후 압수수색 영장의 적법한 효력 범위 내에서 압수 집행이 이뤄질 수 있도록 수

사기관에 협조하는 것이 필요합니다.

그리고, 피의자 신분에 있는 사람은 수사기관에 압수수색 영장 사본의 교부를 요구할 수 있으므로 회사 직원 중 피의자 신분에 있는 사람이 있다면 수사기관에 압수수색 영장의 사본을 교부해줄 것을 요청하고, 이후 해당 사본의 기재를 토대로 수사에 대한 대응 방안을 고민해야 할 것입니다.

결론적으로 중대재해가 발생했는데 현장조사가 아닌 압수수색이 나왔다는 것은 수사기

중대재해 관련 구속 여부 심문 주요 쟁점 사항 · 변론 방안	
주요 쟁점	변론 방안
중대재해처벌법 혐의에 소명 여부	회사에서 중대재해처벌법에 대한 안전 및 보건 확보의무를 충실히 이행했다는 점을 적극적으로 소명
도주의 우려	회사의 경영책임자로 현재도 회사를 경영하고 있고, 일정한 주거에서 가족과 함께 거주하는 등 도주의 우려가 없다는 점을 주장
증거인멸의 우려	수사 절차에서 노동청·경찰의 수사에 적극적으로 협조했으며, 어떤 증거인멸 행위도 하지 않았다는 점을 주장
재범 우려	사고 이후 노동청의 감독하에 사고 재발 방지 대책의 수립을 위해 노력한 내용을 적극적으로 제출하고, 피해자 유족과 합의된 점(합의되지 않았다면 노력 중이라는 사정), 경영책임자의 전과관계(동종 전력이 없다는 점) 등을 주장

관의 강력한 수사 의지를 확인할 수 있는 징표고, 압수수색 진행 시 변호인의 조력을 받는 것이 바람직합니다.

구속영장 단계

현재까지 중대재해처벌법의 수사 단계에서 회사의 경영책임자가 구속된 사례는 없는 것으로 보입니다. 다만, 기소 이후 법원의 유죄 판결이 있은 후 법정에서 경영책임자가 구속된 사례만 있을 뿐입니다. 이는 수사기관에서 법 시행 초창기인 점을 고려한 것으로 향후 중대재해처벌법의 실무 관행이 정착된 이후에는 중대재해의 규모나 합의 여부 등에 따라 수사기관의 적극적인 구속수사 가능성을 배제할 수 없습니다.

수사기관의 구속영장이 청구되면 법원에서 구속 심문을 진행한 후 도주의 우려와 증거인멸의 우려가 있는지를 중점적으로 심리한 후 구속영장의 발부 여부를 결정하게 됩니다.

그리고, 수사 단계에서 구속되는 경우 구속 그 자체의 불이익에 더해 향후 공판 과정에서 혐의를 다투는 데에 있어서도 상당한 제한을 받게 되므로 변호인의 조력이 필수적이라고 할 수 있습니다.

사업장에서 중대재해가 발생하게 되는 경우 수사 초기부터 적극적으로 변호인의 조력을 받아 대응해 수사기관이 구속영장 청구를 하지 않게 하는 것이 가장 중요하지만, 일단 수사기관에서 구속영장을 청구하게 된다면 구속 여부 심문 과정에서 주요한 쟁점 사항 및 변론 방안은 위 표와 같습니다. 다만, 위와 같은 변론 방안은 구체적인 사건에 따라 달라질 수 있으므로 반드시 중대재해 사건의 전문성이 있는 변호인의 조력을 받으면서 구속 심문에 대응하는 것이 바람직합니다.

유족분들을 어떻게 위로해야 하나요

2024년 3월, 고용노동부가 발표한 중대재해조사 대상 사망 사고 발생 현황 자료에 의하면 사고 사망자 수는 2023년도 총 598명으로 전년 대비 약 7.1% 정도 감소한 것으로 나타났습니다.

다만, 사망 사고 발생 건수는 약 4.4%로 크게 줄어들지 않았으며, 50인 이상과 공사 금액 50억원 이상의 사망 사고 발생 건수는 약 3.9% 증가한 것으로 나타났습니다.

근로자가 중대재해로 사망한 경우 사업주는 유족에 대해 민사상 손해배상 책임이 발생합니다. 사업주의 손해배상 책임은 유족급여 등 산재보상금을 초과하는 범위에 대해 부담하며(산업재해보상보험법 제80조), 그 손해액은 중대재해처벌법상 이른바 징벌적 손해배상 책임에 따라 최대 5배까지 확대될 수 있

2023년 재해조사 대상 사망 사고 발생 현황				
구분		총계	50인(억) 미만	50인(억) 이상
사망자 수	2022년	644	388	256
	2023년	598	354	244
	증감	-46	-34	-12
	증감률	-7.1	-8.8	-4.7
사망 사고 건수	2022년	611	381	230
	2023년	584	345	239
	증감	-27	-36	9
	증감률	-4.4	-9.4	3.9

(단위:명, 건, %)

*2024년 3월 7일 고용노동부 보도자료 '2023년 산업재해 현황 부가통계 "재해조사 대상 사망 사고 발생 현황" 잠정 결과 발표' 참조

습니다(중대재해처벌법 제15조).

위와 같은 민사상 책임 외에도, 유족과 합의해 위로금을 지급한 경우 형사 절차에서 유리한 정상으로 참작될 여지도 있습니다.

이와 관련해, 유족과 합의를 준비하기 위해 합리적인 기준으로 위로금(손해배상 합의금)을 미리 산정해볼 수 있습니다. 법원의 판단을 받기 전에 산정해야 하기에 비록 위로금 액수를 구체적으로 산정하기는 어려우나, 그렇더라도 망인의 연령, 입사일, 임금 등이 확인되는 정보를 바탕으로 민사상 손해배상액을 추산하고, 이를 근거로 활용해 유족과 위로금 액수를 협의하는 것이 통상적이라고 볼 수 있습니다.

민사상 손해배상의 산정에 대해 조금 더 살펴보면, 민법상 손해는 적극적, 소극적, 정신적 손해로 나뉘며 특히 실무적으로 소극적 손해의 계산과 관련해 다양한 이슈가 발생합니다.

소극적 손해는 근로자가 사망하지 않았다면 얻을 수 있었을 이익으로서 일실임금, 일실퇴직금 등 일실수입을 의미합니다.

일실수입을 산정할 때는 망인의 생활임금을 사실대로 반영함으로써 통상적인 생활 수준을 보장(대법원 2007년 4월 26일 선고 2005두2810 판결)하는 관점으로 접근하는 것이 필요합니다. 일반적으로, '건설 일용직'의 경우 건설업 임금 실태조사 보고서에 따른 노임 적용 여부, 가동 연한과 가동 일수 등이 주요 쟁점이 됩니다.

특히, 일용직의 평균임금은 일당에 통상근로계수(100분의 73)를 곱해 적용하는 것과 달리, 소극적 손해로서 일실수입을 산정할 경우에는 통상근로계수를 곱하지 않고 일당을 그대로 적용한 후 월 가동 일수를 곱하는 방식을 적용하게 됩니다.

월 가동 일수의 경우, 2024년 4월 대법원판결에 따라 특별한 사정이 없는 한 도시일용근로자의 월 가동 일수를 일용 20일로 적용하는 것을 고려해볼 수 있습니다(대법원 2024년 4월 25일 선고 2020다271650 판결).

한편, '일반 상용직'의 경우에는 회사 인사제도 등 여러 사정에 따라 다양한 쟁점들이 발생할 수 있습니다. 즉, 취업규칙, 단체협약, 기타 보수 규정 등에서 임금과 관련한 제도들을 적용해야 하는지 문제 되고, 그 밖에 각종 수당 적용, 일실퇴직금 산정, 정년 이후 가동 연한까지 발생하는 손해를 별도로 계산해야 할 필요가 있습니다.

위와 같이 일실수입을 계산했다면 근로자의 과실과 산재보상금 등 이익을 공제하게 됩니다.

참고로, 근로자 사망 사고의 경우 산재보상금인 유족급여를 공제할 때는 유족연금 수급권자인 배우자의 상속분에서만 공제해야 하고, 자녀 등 다른 상속자에 대해서는 공제할 수 없다는 점을 유의할 필요가 있습니다.

그리고 공제와 관련해 정신적 손해로서 위자료의 경우 근로자의 과실은 공제할 수 있으나, 산재보상금 등 이익에 대한 공제는 허용

되지 않는 점도 유의할 필요가 있습니다. 아울러 위로금의 범위에 산재보상금을 포함할 것인지, 제외할 것인지도 유족과 명확히 합의할 필요가 있습니다. 산재보험은 이중 보상이 금지되기에, 만일 유족이 위로금과 별개로 산재보상금을 지급받길 원한다면 위로금에 산재보상금 명목을 제외하고, 이를 합의서에 명확히 명시하는 것이 필요합니다.

반면, 회사가 산재보상금을 포함해 위로금을 지급하는 경우라면 이와 관련한 내용을 합의서에 기재하고, 이후 회사는 근로복지공단에 수급권 대위 신청을 해 유족에게 지급한 산재보상금 부분을 지급받는 방식을 고려해 볼 수 있습니다.

회사로서는 유족과 합리적인 기준에 따른 위로금을 산정해 진정성 있는 자세로 협의해 원만하고 신속히 합의를 도출하는 것이 바람직하며, 향후 중대재해처벌법 위반에 따른 손해배상책임을 판단한 판결 경향을 예의 주시해 살펴볼 필요가 있습니다.

게티이미지뱅크

영업정지, 입찰참가자격 제한…
행정제재가 뒤따릅니다

중대재해 사고와 관련해 정작 기업에 가장 치명적인 타격이 되는 것은 형사처벌이 아니라 행정제재입니다. 중대재해 관련 형사 책임은 원칙적으로 업무상 주의의무, 안전보건 조치의무와 (혹은) 안전보건 확보의무를 위반한 개인에 대해 부과되는 것인 반면 행정제재는 해당 기업에 대한 직접적인 처벌 (penalty)이기 때문입니다. 물론 중대재해 발생 관련해 양벌규정(산업안전보건법, 중대재해처벌법, 건축법, 주택법, 건설산업기본법, 건설기술진흥법, 건축물관리법, 전기공사업법 등)에 따른 형사 책임이 문제 될 수 있으나 법인에 대한 형사처벌 수단은 벌금밖에 없는 관계로 형사처벌 자체만으로 해당 기업이 위기에 빠지는 경우는 거의 없습니다. 실제 지금까지 중대재해처벌법 위반으로 유죄

판결을 선고받은 기업들 중에서 가장 많은 벌금 선고액은 1억5000만원(엠텍)이었습니다.

반면 중대재해 사고 발생 시 해당 사고를 방지하지 못한 책임이 인정되는 기업에 대해서는 관계법령에 따라 해당 업종에 대한 등록말소(등록취소)와 최대 1년의 영업정지 처분이 부과될 수 있으며 공공계약과 관련한 중대재해의 경우에는 최대 2년의 입찰참가자격 제한 처분이 부과될 수 있습니다.

영업정지는 제재 기간 동안 해당 업종과 관련된 일체의 영업 행위 전반을 할 수 없는 것인 반면 입찰참가자격 제한은 제재 기간 동안 제재를 받은 자의 공공 입찰참가와 계약 체결을 금지하는 것입니다. 영업정지 처분과 입찰참가자격 제한 처분은 근거 법령을 달리할 뿐아니라 제재의 범위와 목적이 상이한 관계로

병행 부과가 가능합니다. 실제 실무상으로도 병행 부과되고 있습니다.

중대재해와 관련해 해당 업종에 대한 등록 말소(등록취소)와 (또는) 영업정지(사업정지, 업무정지 등 포함) 등의 행정제재 규정을 두고 있는 법령으로는 건설산업기본법·건설기술진흥법·건설기계관리법·건축법·주택법 등이 있습니다. 건설산업기본법에 따르면 국토부 장관(시·도지사(특별시장·광역시장·특별자치시장·도지사 또는 특별자치도지사)에 처분 권한 위임함. 다만, 중대건설 현장 사고를

발생시킨 건설사업자에 대해서는 국토부 장관이 직접 해당 처분을 할 수 있음)은 '고의나 과실로 건설 공사를 부실하게 시공해 시설물의 구조상 주요 부분에 중대한 손괴를 일으켜 공중(公衆)의 위험을 발생하게 한 경우' 건설업 등록을 말소하거나 1년 이내의 기간을 정해 영업정지를 명할 수 있다고 규정(건설산업기본법 제83조)하고 있습니다.

건설기술진흥법 역시 시·도지사는 '고의 또는 과실로 '산업안전보건법' 제2조 제2호에 따른 중대재해가 발생하거나 건설 공사의 발주

사망자 수에 따른 영업정지 처분	
사망자 수	영업정지 기간
10명 이상	5개월
6명 이상~9명 이하	4개월
2명 이상~5명 이하	3개월

청에 재산상의 손해를 발생하게 하거나 사람에게 위해(危害)를 끼치거나 부실공사를 초래한 경우' 건설엔지니어링사업자의 등록을 취소하거나 1년 이내의 기간을 정해 영업정지를 명할 수 있다고 규정(건설기술 진흥법 제31조)하고 있습니다. 또한 주택법은 시·도지사는 '고의 또는 과실로 공사를 잘못 시공해 건축물의 일부 또는 전부가 붕괴되거나 이로 인해 인명의 피해가 발생한 경우' 해당 주택건설사업자의 등록을 말소할 수 있다고 규정(주택법 제8조)하고 있습니다.

건설기계관리법은 시장·군수 또는 구청장은 건설기계안전기준에 적합하지 아니한 건설기계를 대여해 '산업안전보건법' 제2조 제2호에 따른 중대재해가 발생한 경우 해당 건설기계사업자의 등록을 취소(최근 2년 이내 3회 이상 중대재해 발생 시)하거나 6개월 이내의 기간을 정해 사업을 정지할 수 있다고 규정(건설기계관리법 제35조의 2)하고 있습니다.

위 규정들과는 별도로 국토부 장관(시·도지사에 처분 권한 위임, 다만, 중대 건설 현장 사고를 발생시킨 건설사업자에 대해서는 국토

부 장관이 직접 해당 처분을 할 수 있음)은 산업안전보건법에 따른 중대재해 사망자 발생 관련해 고용노동부 장관이 영업정지를 요청한 경우 해당 건설사업자에 대해 아래와 같이 사망자 수에 따라 영업정지 처분을 하게 됩니다(건설산업기본법 시행령 [별표6] 영업정지와 과징금 부과 기준 2.가.12. 참조).

결국, 안전보건 조치의무 위반으로 근로자가 2명 이상 사망하게 되는 경우 해당 건설사업자는 본점 소재지 관할 시·도지사로부터 영업정지 처분을 받게 되는 것입니다. 위 관계 법령에 따른 행정 처분은 위반 행위의 종료일로부터 5년(제척기간)이 경과되면 부과할 수 없으며 해당 제재 처분을 부과하기 위해서는 반드시 청문 절차를 실시해야 합니다. 영업정지 처분 또는 등록말소 처분을 받기 전에 도급 계약을 체결했거나 착공한 경우에는 해당 업무와 공사는 계속할 수 있습니다(건설산업기본법 제14조, 건설기술 진흥법 제33조).

2명 사망 시 6개월~1년 제재

한편, 공공발주 계약 이행 과정에서 (i) 산업안전보건법상 안전·보건 조치의무를 위반해 동시에 2명 이상의 근로자가 사망한 경우와 (ii) 안전 대책을 소홀히 해 사업장 근로자 외의 공중의 생명·신체 또는 재산상의 위해를 가한 경우에는 해당 계약업체의 공공 입찰

참가가 제한됩니다.

국가계약법령은 아래와 같은 기준으로 입찰참가자격을 제한하고 있습니다(국가계약법 시행규칙 [별표2] 2. 개별 기준 9. 및 17. 참조).

위 입찰참가자격 제한의 경우에도 제척기간은 모두 5년으로 동일하지만 국가계약법상 제재와 지방계약법상 제재는 위반 행위의 동기, 내용과 횟수 등을 고려한 감경 기준(국가계약법의 경우 1/2 범위 내, 지방계약법의 경우 6개월 범위 내. 단, 제한 기간은 1개월 이상돼야 함)과 청문 절차 진행(국가계약법은 청문이 필수가 아니나 지방계약법의 경우 필수임) 관련해 확연한 차이가 존재합니다.

이에 따르면 공공건설 공사 현장에서 안전보건조치 의무 위반으로 근로자가 2명 사망한 경우 국가계약법에 따르면 6개월에서 1년 사이 기간의 제재를 부과받게 되는 반면 지방계약법에 따르면 1개월에서 7개월 사이 제재 처분을 부과받게 됩니다. 그러나 동일한 중대재해 발생에 대해 국가계약법령과 지방계약법령이 상이한 제재 기준을 적용하는 것은 공공 입찰의 공정성과 형평성 차원에서 바람직하지 않습니다. 나아가 불필요한 분쟁 발생 예방 차원에서라도 국가계약법령과 지방계약법령 간 입찰참가자격 제한 부과 기준은 그 간극을 최소화하는 방향으로 개정될 필요가 있을 것입니다.

국가계약법령상 제재기간

계약을 이행할 때에 '산업안전보건법' 제38조, 제39조·제63조를 위반해 동시에 2명 이상의 근로자가 사망한 재해를 발생시킨 자

내용 해당 근로자 수	공공발주 제한 기간
10명 이상	2년
6명 이상~10명 미만	1년 6개월
2명 이상~6명 미만	1년

계약을 이행하면서 안전 대책을 소홀히 해 공중에게 위해를 가한 자

제재 이유	공공발주 제한 기간
안전 대책을 소홀히 해 사업장 근로자 외의 공중에게 **생명·신체상의 위해**를 가한 자	1년
안전 대책을 소홀히 해 사업장 근로자 외의 공중에게 **재산상의 위해**를 가한 자	6개월

지방계약법령상 제재기간

사업장에서 '산업안전보건법'에 따른 안전·보건조치를 소홀히 해 근로자가 사망하는 재해를 발생시킨 자

내용 해당 근로자 수	공공발주 제한 기간
10명 이상	1년 5개월 이상~1년 7개월 미만
6명 이상~10명 미만	11개월 이상~1년 1개월 미만
2명 이상~6명 미만	5개월 이상~7개월 미만

계약의 이행 과정에서 안전 대책을 소홀히 해 공중(公衆)에게 위해(危害)를 끼친 자

제재 이유	공공발주 제한 기간
계약을 이행하면서 안전 대책을 소홀히 해 사고가 발생해 해당 사업장 내외에서 근로자 이외 2명 이상에게 인명피해를 입혔거나 사업장 외의 시설을 손괴한 자	11개월 이상~ 1년 1개월 미만
안전 대책을 소홀히 해 사업장 외의 공중에게 재산상의 위해를 가한 자	5개월 이상 ~7개월 미만

6부

중대재해 이런 것도 알아두면 좋습니다

유지보수공사 때 중대재해처벌법상 책임 주체는?

기업의 사업장에는 각종 시설이나 설비 등이 있습니다. 시설이나 설비를 사용하다 보면 녹이 슬거나 어딘가가 고장 나기 마련입니다. 그래서 지속적으로 유지보수를 해야 합니다.

이런 유지보수를 기업이 직접 할 수 있으면 좋겠지만, 대부분의 경우에 그 시설이나 설비 등을 사용할 줄은 알아도 직접 정비하거나 보수할 정도의 전문성은 없는 것이 일반적입니다. 결국 기업으로서는 전문적인 업체에 그 유지보수를 맡기게 됩니다.

이처럼 사업장 내에 있는 시설·설비 등을 유지보수하는 공사를 타인에게 맡겨 진행하다가 중대재해가 발생한 경우에 누가 그 책임을 지게 될까요?

먼저 유지보수공사가 '건설공사'에 해당하는지부터 살펴보겠습니다.

'건설산업기본법'에 따르면 '건설공사'란 '토목공사, 건축공사, 산업설비공사, 조경공사, 환경시설공사, 그 밖에 명칭과 관계없이 시설물을 설치·유지·보수하는 공사(시설물을 설치하기 위한 부지조성공사 포함)·기계설비나 그 밖의 구조물의 설치·해체공사를 말합니다(제2조 제4호). 그 구체적인 내용은 같은 법 시행령에서 정하고 있습니다.

이에 따르면 시설물의 유지보수도 '건설공사'에 포함됩니다. 즉, 시설 또는 설비 등의 유지보수도 '건설공사'에 해당할 수 있는 것입니다.

유지보수공사가 '건설공사'에 해당한다면 산업안전보건법에서 '건설공사'를 맡기는 사람에게 어떤 책임을 부여하는지 살펴보겠습니다.

산업안전보건법은 '건설공사'를 도급한 사람을 다른 여타의 업무를 타인에게 맡긴 '도급인'과 구분해 '건설공사 발주자'로 규정하고 있습니다(제2조 제7호). 여기서의 '건설공사 발주자'란 '건설공사를 도급하는 자로서 건설공사의 시공을 주도해 총괄·관리하지 아니하는 자(도급받은 건설공사를 다시 도급하는 자 제외)'를 말합니다(제2조 제10호).

일반적으로 사업장 내에 있는 시설이나 설비 등에 관한 전문성이 없어 유지보수공사를 타인에게 맡기고서 그 공사의 시공을 주도하지 않는 기업은 '건설공사 발주자'에 해당하게 되는 것입니다. '건설공사 발주자'는 '도급인'의 범위에서 제외됨으로써 자신의 사업장에서 수급인의 근로자가 작업을 할 때 '도급인'이 부담하는 안전보건 조치의무(제63조)를 부담하지 않게 됩니다.

이처럼 '건설공사 발주자'를 '도급인'과 구분해 동일한 의무를 부여하지 않는 이유에 관하여, 최근 선고된 판결은 '법률상 해당 건설공

게티이미지뱅크

사를 시공할 자격이 없거나 인력과 전문성을 갖추고 있지 않아 건설공사의 시공을 직접 수행할 능력이 없는 경우, 공사를 도급한 자는 해당 공사의 공정이나 그 과정에서 발생할 수 있는 산업재해의 위험, 그 위험을 예방할 수 있는 조치에 대해 일반적으로 알 수 있는 지위에 있지 않으므로, 이런 경우에도 공사를 도급한 자에게 수급인의 근로자에 대한 안전보건조치를 요구하고 그 위반에 대해 형사 책임을 묻는 것은 그 지위나 역할에 비하여 과도하다'고 설명한 바 있습니다(인천지방법원 2023년 9월 22일 선고 2023노2261 판결 – 상고심 계속 중).

반면, 중대재해처벌법에서는 '건설공사 발주자'와 '도급인'을 구분하고 있지 않습니다. 중대재해처벌법은 사업주나 법인 또는 기관이 제3자에게 도급, 용역, 위탁 등을 행한 경우에 그 시설, 장비, 장소, 등에 대해 실질적으로 지배·운영·관리하는 책임이 있는 경우에는 사업주나 경영책임자 등이 제3자의 종사자에게 중대산업재해가 발생하지 않도록 제4조와 동일한 안전보건 확보의무를 부담하

도록 규정하고 있습니다(제5조). 건설공사 발주도 '도급, 용역, 위탁 등'에 해당하는 이상 건설공사를 도급한 건설공사 발주자도 위 규정의 적용을 받을 수 있는 것입니다.

다만, 일반적인 건설공사 발주자의 경우라면 시설, 장비, 장소 등에 대해 실질적으로 지배·운영·관리하는 책임이 있다고 볼 만한 사정이 없는 한, 해당 건설공사 현장의 종사자에 대해 도급인으로서 중대재해처벌법 제4조와 제5조의 안전보건 확보의무를 부담하지 않는다는 것이 현재까지의 주류적인 견해

입니다. 건설공사 발주자는 스스로 건설공사를 주도해 실시할 만한 전문성이 없어 타인에게 건설공사를 맡긴 사람인 반면, 해당 공사 현장을 관리하면서 동시다발적으로 진행되는 작업을 총괄·조율하고 현장 내의 각종 시설과 장비 등을 제어하는 주체는 공사를 맡은 사람, 즉 시공사가 될 것이기 때문입니다. 시공사가 공사 현장에 펜스 등을 설치하고 그 안에서 건설공사를 총괄해 진행하는 경우를 생각하면 되겠습니다.

그런데 유지보수공사의 경우는 다르게 볼

중대재해법   **147**

필요가 있습니다. 위와 같이 시공사가 주축이 돼 건물을 새로 짓거나 시설을 새로 설치하는 경우와 달리 유지보수공사는 건설공사 발주자가 기존의 사용하고 있는 시설 또는 설비 등에 대해 정비, 보수하는 공사입니다.

즉, 시공사가 해당 공사 현장을 전적으로 관리하는 형태가 아니라 그 시설·장비·장소 등을 여전히 건설공사 발주자가 관리하고 있는 상태에서 공사업체가 유지보수를 하는 형태입니다. 이런 경우라면 건설공사 발주자가 시공을 주도해 총괄·관리하지는 않더라도 해당 시설·장비·장소 등을 실질적으로 지배·운영·관리하는 책임이 있다고 볼 수 있습니다.

결국 '실질적인 지배·운영·관리'의 의미가 중요한데, 중대재해처벌법령에서는 그 의미에 관해 명시적으로 정하고 있지는 않습니다.

고용노동부가 2021년 11월 발표한 '중대재해처벌법 해설 - 중대산업재해 관련'에 따르면, 중대재해처벌법 제5조의 '시설, 장비, 장소 등에 대해 실질적으로 지배·운영·관리하는 책임이 있는 경우'란, '해당 시설이나 장비, 장소에 관한 소유권, 임차권, 그 밖에 사실상의 지배력을 갖고 해당 장소 등의 유해·위험요인을 인지·파악해 그 유해·위험요인 등을 제거, 통제할 수 있는 경우'를 말합니다.

중대재해처벌법이 시행되기 전 산업안전보건법에서도 '도급인의 사업장'에 포함되는 개념으로 '도급인이 지배·관리하는 장소'가 제시됐습니다(제10조 제2항). 고용노동부는 여기서의 '지배·관리'도 도급인이 해당 장소의 유해·위험요인을 인지하고 이를 관리·개선하는 등 통제할 수 있음을 의미한다고 설명했는데, 이는 앞서 본 중대재해처벌법상 '실질적인 지배·운영·관리'의 의미와 크게 다르지 않아 보입니다.

이와 같이 현재까지 제시된 해석을 종합하면, '실질적인 지배·운영·관리'는 다음과 같은 요소를 고려해 판단될 수 있습니다.

실질적인 지배·운영·관리의 요소

· 조직·인력·예산 등에 대한 결정권 행사
· 해당 시설, 장비, 장소 등에 대한 법률상 권리 또는 사실상 지배력
· 소속 근로자의 상주 또는 수시 출입
· 작업 진행 과정의 총괄·조율
· 안전 설비·장치의 설치·변경·해체 권한

결론적으로 기업의 사업장 내에서 진행되는 유지보수공사는 건설공사 발주자라 해 무조건 책임을 회피할 수 있는 것은 아닙니다. 구체적인 사안에서 위와 같은 실질적인 지배·운영·관리의 책임을 따져 중대재해처벌법상 책임 주체를 가리게 될 것으로 보입니다.

건설관계법령에 처벌 조항이 있다고요?

중대재해처벌법은 중대산업재해와 관련한 경영책임자 등에 대한 처벌 규정을 제6조 하나만 두고 있고, 중대시민재해에 대한 처벌 규정 역시 제10조 하나뿐입니다.

그런데 건설공사와 관련해서는 중대재해처벌법이 시행된 2022년 1월 27일 이전에도 많은 법률에 안전사고와 관련한 처벌 규정들이 산재해 있었습니다. 그리고, 중대재해처벌법 시행 후에도 중대재해처벌법과는 별개로 건설공사와 관련한 안전사고에 대해서는 이들 법률이 여전히 적용될 수 있습니다. 또 이들 법률은 산업안전보건법과 달리 사고자가 근로자인 경우에만 한정되는 것이 아니라는 점에서도 주의가 필요합니다.

건축법, 건설기술진흥법, 건설산업기본법, 주택법(이하 '건축법 등')에는 시공 과정이나

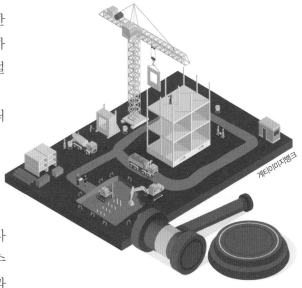

게티이미지뱅크

건물의 준공 후에 부실 설계·시공·감리가 원인이 돼 붕괴 사고 등이 발생하는 경우 설계·시공·감리에 참여한 주체를 처벌하는 규정이 존재합니다. 그 규정들은 서로 유사한

규정 형식을 취하고 있지만 적용 대상이 되는 사람, 행위 태양, 적용 시점, 적용되는 공사목적물의 종류 등을 조금씩 서로 달리하고 있습니다.

건축법 등의 처벌 규정 내용과 특징 및 주의할 점을 살펴보겠습니다.

건축법 등의 처벌 규정

① 건축법, 건설산업기본법, 건설기술진흥법의 적용 기간은 공통적으로 '착공 후부터' 건설산업기본법 제28조에 따른 '하자담보책임기간까지(최대 10년)', 주택법은 공동주택관리법 제36조 제3항에 따른 '담보책임기간

건축법 등의 처벌 규정

법명	적용 대상	적용 기간	행위 태양	행위 결과		법정형	
						징역 · 금고	벌금
건축법 (제106, 107조)	설계자 · 감리자 · 시공자 · 제조업자 · 유통업자 · 관계전문 기술자 · 건축주	착공 후부터 건설산업기본법 제28조에 따른 하자담보책임기간까지	설계 · 시공 · 공사감리 · 유지 · 관리, 건축자재의 제조 · 유통을 함으로써 건축물의 기초와 주요구조부에 중대한 손괴를 일으켜	일반인을 위험에 처하게 함	고의	10년 이하	−
					업무상과실	5년 이하	5억원 이하
				사람을 죽이거나 다치게 함	고의	무기 또는 3년 이상	−
					업무상과실	10년 이하	10억원 이하
건설산업기본법 (제93, 94조)	건설사업자 · 건설기술인		특정 시설물의 구조상 주요 부분에 중대한 파손(손괴)을 발생시켜	공중의 위험을 발생하게 함	고의	10년 이하	−
					업무상과실	5년 이하	5천만원 이하
				사람을 죽이거나 다치게 함	고의	무기 또는 3년 이상	−
					업무상과실	10년 이하	1억원 이하
건설기술진흥법 (제85, 86조)	건설엔지니어링 사업자 · 건설기술인			사람을 위험하게 함	고의	10년 이하	1억원 이하
					업무상과실	5년 이하	5천만원 이하
				사람을 다치거나 죽음에 이르게 함	고의	무기 또는 3년 이상	−
					업무상과실	10년 이하	1억원 이하
주택법 (제98, 99조)	설계자 · 시공자 · 감리자	공동주택관리법 제36조 제3항에 따른 담보책임기간까지	공동주택의 내력구조부에 중대한 하자를 발생시켜	일반인을 위험에 처하게 함	고의	10년 이하	−
					업무상과실	5년 이하	5천만원 이하
				사람을 죽음에 이르게 하거나 다치게 함	고의	무기 또는 3년 이상	−
					업무상과실	10년 이하	1억원 이하

까지(최대 10년)'

② 업무상 과실로 인한 경우도 처벌되지만, 고의에 의한 경우보다는 낮은 형량

③ '일반인'이라는 용어에는 건설 현장 근로자도 포함되고, '준공 전'에도 적용되기 때문에 건설 현장 근로자에 대한 위험이 발생하거나 그들이 다치거나 사망한 경우에도 적용

④ 설계자, 시공자, 감리자 등에 대해 공통적으로 '건축법' '주택법'이 적용되고, 시공자(건설사업자, 건설기술인)에게는 '건설산업기본법', 감리자(건설엔지니어링사업자, 건설기술인)에게는 '건설기술진흥법' 적용

⑤ 건축법 등이 각각 적용되는 대상은 다음과 같음

· 건축법: 건축물(지붕과 기둥 또는 벽이 있는 것과 이에 딸린 시설물, 지하나 고가의 공작물에 설치하는 사무소·공연장·점포·차고·창고 등)

· 건설산업기본법, 건설기술진흥법: 다리(교량), 터널, 철도, 고가도로, 지하도, 활주로, 삭도, 댐, 항만시설 중 외곽시설·임항교통시설·계류시설, 연면적 5000㎡ 이상인 공항청사·철도역사·자동차여객터미널·종합역개시설·종합병원·판매시설·관광숙박시설·관람집회시설, 16층 이상 건물(건설산업기본법의 경우 공동주택은 제외)(건설기술진흥법 시행령 제120조, 건설산업기본법 시행령 제88조)

· 주택법: 주택법상 사업계획승인을 받거나 리모델링 허가를 받은 공동주택

⑥ 건축법 등 적용 사안에서 사람을 죽게 하는 경우(무기 또는 3년 이상) 중대재해처벌법(1년 이상의 징역)보다 형량이 높고, 경영책임자가 직접 설계·시공·감리에 관여하는 소규모 회사의 경우 중첩적으로 적용 가능

건축법 등은 모두 공통적으로 자연인(사람)인 행위자(실제 설계·시공·감리에 관여한 자)뿐 아니라 그가 속한 법인(회사)에 대해 함께 벌금을 부과하는 '양벌규정'을 두고 있기 때문에 법인에 대한 형사처벌(벌금형)이 함께 가해질 수 있습니다(건축법 제112조, 건설산업기본법 제98조, 건설기술진흥법 제90조, 주택법 제105조).

건설공사 현장에서 사고가 발생한 경우라고 하더라도 설계·시공·감리 부실이 원인이 아닌 단순 사고인 경우에는 산업안전보건법만 적용될 것이지만, 설계·시공·감리 부실로 인해 건축물 자체가 붕괴하는 등의 사고에서는 건축법 등이 적용돼 형량이 훨씬 높아지게 됩니다.

따라서 건설 산업에서는 중대재해처벌법 적용에 대비해 철저하게 안전보건관리체계를 구축해야 할 뿐 아니라, 설계·시공·감리에도 만전을 기해 사고가 발생하지 않도록 하는 더욱 각별한 노력을 기울일 필요가 있습니다.

불법하도급 재해, 중대재해처벌법 대상입니다

건설공사에서 원도급자가 공사를 수주한 후, 그 공사의 일부 또는 전부를 다른 업체에 다시 하청하는 경우가 많습니다. 이때 법적 기준을 준수하지 않으면 불법하도급이 됩니다. 즉, 불법하도급은 원도급자가 건설산업기본법 등 법률에서 정한 절차나 기준을 무시하고 하도급을 주는 행위를 말합니다.

불법하도급이 이뤄지는 주된 원인은 원도급자의 공사비용 절감입니다. 도급 단계를 거칠수록 공사비용이 내려가 최하위 하청업체는 충분한 비용을 들여 공사를 할 수 없습니다. 충분한 품질과 안전을 확보하지 못한 채 부실한 공사를 하게 될 우려가 있습니다. 이로 인해 건설 현장에서 발생하는 산업재해를 유발한다는 문제의식이 폭넓게 공유되고 있습니다. 불법하도급의 여러 문제점 중 가장 중요한

것은 작업의 질과 안전이 보장되기 어렵다는 점입니다. 하청업체가 비용 절감을 위해 안전 관리를 소홀히 하거나, 불충분한 자격을 가진 노동자를 고용할 수 있기 때문입니다. 나아가, 불법하도급은 공사의 품질을 저하시킬 수 있습니다. 이는 하자보수비용의 증가나 자칫 중대한 구조적 결함으로 이어질 확률이 높고, 특히 하청업체의 근로자의 근로 조건을 악화시키게 됩니다.

불법하도급 중대재해도 형사 책임

이런 불법하도급의 유형으로는, 건설산업기본법상 무자격자에 대한 하도급 금지(제25조 제2항), 일괄 하도급 금지(제29조 제2항), 전문공사 하도급 제한(제29조 제2항, 제5항),

재하도급 금지(제29조 제3항)가 있고, 전기공사업법(제14조), 정보통신공사업법(제31조), 소방시설공사업법(제22조) 등에도 이와 유사한 규정이 존재합니다.

건설산업기본법상 불법하도급에 대한 제재로는, 공공건설공사 하도급 참여 제한 처분(제29조의3), 영업정지 또는 과징금 부과 처분(제82조), 형사처벌(제96조)과 국가계약법에 따른 입찰참가자격 제한 처분(제27조) 등이 있고, 특히 하도급 금지 규정 위반으로 영업정지 또는 과징금 부과 처분을 받고 그 처분을 받은 날로부터 5년 이내에 2회 이상 위반 시에는 건설업등록말소 처분이 이뤄집니다.

이처럼 불법하도급은 그 자체로 여러 엄격한 행정제재와 형사처벌이 부과되는 중대한 위법 행위이나, 최근에 중대재해처벌법의 시행과 더불어 더욱 중요한 이슈로 부각되고 있습니다. 불법하도급으로 인해 발생하는 안전관리의 미흡은 중대재해처벌법하에서 중요한 쟁점이 될 수 있기 때문입니다.

불법하도급으로 인해 안전 기준이 충족되지 않은 채로 작업이 진행돼 중대재해가 발생한다면, 원도급자는 건설산업기본법상 형사처벌과 별개로, 중대재해처벌법에 따라 형사책임을 지게 될 수 있습니다. 중대재해처벌법은 도급 등 관계에서도 도급인 사업주 또는

경영책임자 등이 수급인의 종사자에 대해 안전보건 확보의무를 부담하는 것으로 규정하고 있는 바(제5조), 하수급인의 종사자에 대한 중대재해 발생 시에 원도급자가 사업자 또는 경영책임자 등의 안전보건 확보의무가 문제 될 것입니다(산업안전보건법도 2020년 1월 16일 법률 제16272호로 도급인의 관계수급인의 종사자에 대한 안전조치·보건조치의무를 부과하는 내용(제63조)으로 개정됐습니다).

따라서 원도급자인 사업주 또는 경영책임자 등은 하도급을 줄 때 하청업체가 법적으로 요구되는 시공 자격을 갖추고 있는지, 도급받은 공사가 하도급 가능한 공사인지, 일괄 하도급인지 등을 검토해야 합니다. 또 건설산업기본법이나 전기공사업법 등 개별 법률상 하도급 금지 내지 제한 규정 위배 여부를 충분히 확인하는 것은 물론, 하청업체가 적절한 안전관리체계를 갖추고 있는지, 법적으로 요구되는 안전 기준을 충족하는지를 면밀히 살펴봐야 합니다.

원도급자 사업주 안전보건 확보의무 따져

예전에는 원도급자가 공사비용 절감 이외에, 공사 과정에서 하수급인의 근로자에 발생하는 산업재해 위험이나 그로 인한 법적 책임을 하수급인에게 전가시킬 목적으로 불법하도급을 하는 경우도 많았습니다. 산업안전보건법과 중대재해처벌법의 위와 같은 개정으로 인해 원도급자는 불법적 하도급으로 인해 면책되지 않음은 물론, 오히려 불리하게 작용할 소지가 큽니다.

불법하도급이 이뤄진 공사 현장에서 중대재해 사고가 발생할 경우, 원도급자 사업주 또는 경영책임자 등이 중대재해처벌법상 요구되는 안전보건 확보의무를 준수했는지를 판단함에 있어, 수사기관이나 법원은 원도급자에 의한 불법하도급이 이뤄졌다는 사정만으로 중대재해처벌법상 사업주 또는 경영책임자 등의 안전보건 확보의무 위반이 인정된다고 판단될 가능성이 높습니다.

이는 원도급자의 공사비용 절감을 목적으로 한 불법하도급이 공사 현장에서 부실공사, 나아가 이로 인한 산업재해의 주된 원인이 된다는 인식이 폭넓게 공유되고 있는 현재의 상황에서 수사기관이나 법원은 원도급자가 당해 사건에서 문제 되는 중대재해처벌법상 여러 안전보건 확보의무의 이행 역시 소홀히 했다고 볼 여지가 많기 때문입니다.

이런 점을 고려하면, 중대재해처벌법이 시행돼 정착기에 이른 현시점에서 불법하도급으로 인해 파생되는 법적 문제를 더욱 명확하게 인식함과 아울러, 건설산업기본법 등에 따라 금지되는 불법하도급을 근절하는 경영관리상의 노력을 철저하게 해야 할 것입니다.

부실시공과 중대재해,
어떤 파장이 있을까요

1994년 성수대교 붕괴 사고, 1995년 삼풍백화점 붕괴 사고, 우리나라 건설 역사에 부끄러운 일로 남을 만한 부실시공 사례들입니다. 수많은 인명 피해가 발생한 이들 사고는 우리나라 건설의 구조적인 문제를 대중에게 강하게 각인시키는 계기가 됐습니다.

실제로 성수대교 붕괴 사고 이후 정부는 부실공사의 근본적인 원인이 부실 설계에 있다고 판단하고 건설기술관리법(現 건설기술진흥법)을 개정해 설계감리제도를 새로이 도입하는 한편, 건설공사나 건설기술용역 사업을 성실하게 수행하지 아니하는 경우에 해당 업체에 부실벌점을 부과할 수 있는 근거를 마련했습니다.

만일 오늘날 부실시공에 따라 사람이 죽거나 다치는 중대재해가 발생한다면 시공사는

어떤 불이익을 받게 될까요?

당장, 중대재해처벌법에 따라 안전과 보건 확보의무를 위반한 사업주 또는 경영책임자 등과 그 법인 등은 형사처벌을 받고, 사고로 손해를 입은 사람에 대해 손해액의 5배 범위에서 징벌적 손해배상 책임을 지게 될 것입니다. 하지만 여기에만 그치는 것이 아닙니다. 사실 시공사 입장에서 가장 큰 불이익은 회사에 대한 행정제재입니다. 시공사에 대한 행정제재로 인해 회사 자체의 존립이 위태롭게 되기 때문입니다.

우선, 고의 또는 과실로 건설공사를 부실하게 시공했다고 인정된 시공사는 건설산업기본법에 따라 영업정지 처분을 받게 됩니다(제82조 제2항 제5호). 그중에서도 (i) 사망자 3명 이상 또는 (ii) 부상자가 10명 이상 발생하

거나 (iii) 건설 중이거나 완공된 시설물이 붕괴 또는 전도(顚倒)돼 재시공이 필요한 경우에는 2022년 7월 19일 건설산업기본법 시행령 개정으로 국토교통부 장관이 직접 영업정지 처분을 하게 됩니다. 최근 인천 검단신도시 아파트 지하주차장 붕괴 사고에 대해 국토교통부가 시공사에 대해 내린 영업정지 처분이 여기에 해당됩니다. 시공사가 영업정지를 받게 되면 영업정지 기간 동안 해당 건설업의 영업에 관한 일체의 행위가 금지됩니다.

게티이미지뱅크

다만, 영업정지 처분을 받기 전에 도급계약을 체결했거나 관계법령에 따라 허가, 인가 등을 받아 착공한 건설공사는 영업정지 기간에도 계속 시공할 수 있는데, 법제처 유권해석에 따르면 이런 경우 영업정지 처분 전에 착공까지 이뤄질 필요는 없습니다.

다음으로 국가, 지방자치단체, 공공기관 등이 시행하는 건설공사에서 (i) 설계서와 달리 구조물 내구성 연한의 단축, 안전도에 위해를 가져오는 등 부당한 시공을 하거나 (ii) 설계서상의 기준규격보다 낮은 다른 자재를 쓰는 등 부정한 시공을 한 자에 해당한다고 인정되는 경우에 '입찰의 공정한 집행 또는 계약의 적정한 이행을 해칠 염려가 있다고 판단되면 (공공기관의 경우에는 '명백한 경우') 국가를

당사자로 하는 계약에 관한 법률, 지방자치단체를 당사자로 하는 계약에 관한 법률, 공공기관의 운영에 관한 법률에 따라 입찰참가자격 제한 처분을 받게 됩니다.

입찰참가자격 제한 처분을 받게 되는 경우, 공공 주체가 시행하는 입찰 참여 내지 계약 체결이 금지된다는 점에서 특히 공공 매출에 대한 의존 비중이 큰 시공사들에는 '사실상의 영업정지'와 같은 효과를 갖게 됩니다.

한편, 건설사업자, 주택건설등록업자와 그 소속 건설기술인이 건설공사를 성실하게 수행하지 아니함으로써 부실공사가 발생하거나 발생할 우려가 있다고 인정되는 경우에는 국토교통부 장관(지방국토관리청장)이나 발주청, 인·허가기관의 장으로부터 건설기술진흥

행정제재의 처분 요건과 효과		
처분	처분 요건	효과(불이익)
영업정지 처분	고의나 과실로 건설공사를 부실하게 시공한 경우	· 위반 행위별로 해당 업종(등록된 건설업 업종)에 한정해 영업활동 금지 · 민간 · 공공 영역 불문
입찰참가자격 제한 처분	· 설계서와 달리 구조물 내구성 연한의 단축, 안전도의 위해를 가져오는 등 부당한 시공을 한 자 · 설계서상의 기준규격보다 낮은 다른 자재를 쓰는 등 부정한 시공을 한 자 · 경쟁의 공정한 집행 또는 계약의 적정한 이행을 해칠 염려가 별도로 인정 필요	· 공공 주체가 발주하는 입찰에 참여 제한 · 계약 체결 금지 · 민간발주공사의 입찰 · 계약 참여는 허용
부실벌점 부과 처분	· 건설기술진흥법 시행령 [별표8] 제5호 가목의 주요 부실 내용 · 별도로 부실공사가 발생했거나 발생할 우려 필요	· 발주청이 시행하는 입찰의 입찰참가자격 사전심사 감점 · 아파트 등 주택의 입주자 모집 시기 제한 · 시공능력평가 항목 중 신인도 평가 항목 감점 · 부실벌점이 20점 이상인 경우 단계별로 입찰참가자격 제한 처분

법상 부실벌점을 부과받게 됩니다.

구체적인 부실 내용에 대해서는 건설기술진흥법 시행령 [별표8] 제5호 가목에서 규정하고 있습니다.

다만, 측정된 부실 사항에 대해 건설산업기본법에 따른 영업정지 처분을 받았거나 국가를 당사자로 하는 계약에 관한 법률에 따라 입찰참가자격 제한 처분을 받은 경우(일정한 경우에 한정됨)에는 그와 중복해 부실벌점을 부과할 수 없습니다.

이런 부실벌점의 경우 2023년 1월 1일부터 벌점 산정 방법이 기존의 누계 평균 방식에서 단순 합산 방식으로 변경되면서 그 불이익 효과가 크게 증대됐고 특히 전국에 다수의 현장을 보유하고 있는 시공사들의 경우 그로 인한 불이익은 더욱 커지게 됩니다.

이에 더해, 발주청의 입찰참가자격 사전심사(PQ)에서 감점을 적용받고 합산벌점이 일정 점수 이상인 경우에는 아파트 등 주택의 입주자 모집 시기에도 제한을 받게 됩니다.

부실시공에 따른 중대재해가 발생한 경우 당장 행정제재가 이뤄지지는 않지만, 진행되는 수사 등의 결과가 결국 행정제재에 직접적인 영향을 미칠 수밖에 없습니다.

따라서 부실시공에 따른 중대재해 발생 시에 수사 대응 역시 후일 예정된 행정제재에 미치는 영향을 염두에 두고 이뤄져야 할 필요가 있습니다.

대기업 회장님도, 자영업 사장님에게도 현실이 된 중대재해법

2024년 1월 27일부터는 중대재해처벌법이 50인 미만 사업장에까지 확대 시행되었기 때문에 많은 소상공인, 자영업 사장님께서 걱정을 하고 계시리라 생각합니다. 특히, 하루하루 매출을 걱정하는 소규모 사업장에 중대재해처벌법에서 정한 안전보건관리체계를 구축하는 것이 현실적으로 쉽지 않은 것도 사실입니다.

중처법 확대 시행 유예 가능성은

이런 사정을 이유로 중대재해처벌법 확대 시행을 유예해달라는 목소리가 컸고, 정부 역시 이런 의견을 받아들여 정책적으로 유예를 시도했으나 결국 국회 문턱을 넘지는 못했습니다.

그렇다면 소규모 사업장에까지 중대재해처벌법이 적용되는 것이 다시 유예될 가능성은 없을까요?

아쉽지만, 그럴 가능성은 높지 않아 보입니다. 중대재해처벌법은 처음부터 5인 이상 사업장에 적용됨을 전제로 제정됐고, 이미 법이 확대 시행됐기 때문에 다시 그 이전으로 돌아가기는 어려워 보입니다.

물론, 중대재해처벌법에서 정한 각종 의무들이 모호해 현장에서 이를 준수하려고 해도 쉽지 않다는 지적이 있는 것도 사실입니다. 중소기업중앙회에서는 뜻을 모아 헌법 소원을 청구했으나, 중대재해처벌법 자체가 위헌으로 판단될 가능성은 높지 않아 보입니다. 이미 2023년도에 법원에서 한 차례 위헌법률심판 제청을 기각한 바가 있기 때문입니다.

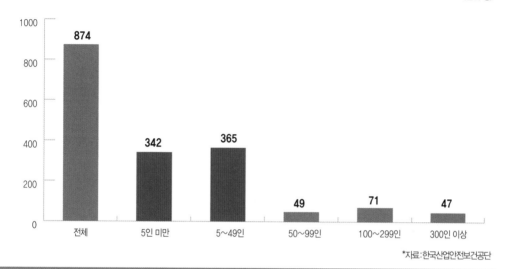

2022년도 사고 사망자(사업장 규모별)

〈단위:명〉

- 전체: 874
- 5인 미만: 342
- 5~49인: 365
- 50~99인: 49
- 100~299인: 71
- 300인 이상: 47

*자료:한국산업안전보건공단

자영업 사장님에게 미칠 영향은

이 글을 읽고 계실 사장님께서 문득 이런 생각을 하실 수 있습니다. '우리 회사는 작은 규모에 인원도 많지 않은데 설마 사고가 발생하겠어?' '사고는 건설 현장이나 대기업에서나 발생하는 것 아니야?'라고 말이죠. 그러나 사고는 회사 규모, 근로자 수와 무관하게 어디에서든지 발생할 수 있습니다. 오히려 통계에 따르면 소규모 사업장에서 더 많은 사고가 발생하는 것으로 알려져 있습니다.

위 자료는 2022년도 사고 사망자(874명)를 사업장 규모에 따라 분류한 것입니다. 5인 미만 사업장이 342명으로 약 39%를 차지했고, 50인 미만 사업장까지 그 범위를 넓히면 707명으로 80%를 넘는 비중을 차지합니다. 즉, 사망 사고의 상당수는 소규모 사업장에서 발생한다는 사실을 확인할 수 있습니다. 실제로 2024년 중대재해처벌법이 확대 시행된 이후 1달 동안에만 50인 미만 사업장에서 9건의 중대재해가 발생했고 지금까지 수사가 진행 중입니다.

게다가 사망 사고는 예상치 못한 곳에서도 발생할 수 있기 때문에, 섣불리 사고가 발생할 위험요인이 없다고 생각하시는 것은 바람직하지 않습니다. 추락 사고의 경우 1m 남짓한 높이에서도 넘어져 사망 사고로 이어질 수 있습니다. 예를 들어, 사장님의 직원이 A형 사다리를 이용해 어른 키만 한 높이에서 작업을 하다가도 넘어질 경우 중대재해가 될 수 있다는 것입니다.

실제로 소규모 사업장에서도 사망 사고가 많이 발생하고 있기 때문에, 중대재해처벌법은 자영업 사장님에게도 피할 수 없는 현실이 됐습니다.

사고가 나면 무조건 처벌되는지

그렇다면 사업장에서 사망 사고가 발생하면 무조건 중대재해처벌법으로 처벌될까요? 결론부터 말씀드리면 그렇지는 않습니다. 사고가 나더라도 법에서 정한 안전보건관리체계를 구축해 이를 이행했다면 처벌받지 않습니다. 고용노동부 역시 50인 미만 기업을 위한 Q&A 자료를 통해 고의와 예견 가능성, 인과관계가 명확한 경우에 한해 처벌받게 된다고 설명하고 있습니다.

그러나 중대재해가 발생하면 즉시 수사기관이 수사에 착수하는데, 그 대상은 사고 현장에 국한되지 않고 본사의 안전보건전담조직, 경영책임자에까지 광범위하게 이어지게 됩니다. 따라서 수사 자체만으로도 회사 경영에 미칠 영향이 결코 작지 않습니다. 경우에 따라 고용노동부의 근로감독이 실시돼 행정처분이 추가로 내려질 수 있기 때문에, 중대재해 사건 하나로 형사, 행정 이슈가 동시다발적으로 발생할 수 있습니다.

중대재해처벌법 처벌 리스크는

아시다시피, 지난 몇 년간 우리 사회가 여러 차례 대형 참사를 경험하면서 근로자 안전, 재해 예방의 필요성에 대한 사회적 공감대를 이뤄왔습니다. 그 결과 중 하나가 바로 중대재해처벌법의 입법과 확대 시행입니다. 그 전부터 안전사고에 대한 처벌 강화의 목소리가 대두됐고, 실제로 중대재해처벌법 입법 이전까지 산업안전보건법 위반 사건에 대해 자유형(집행유예 포함) 선고 비율이 대체로 상승해왔습니다.

그리고 최근 중대재해처벌법 위반 사건에 대한 하급심 판례를 살펴보면 벌금형보다는 징역형(집행유예 포함)이 선고되고 있으며 법정 구속되는 사례도 확인되고 있습니다.

구체적인 판결 이유를 살펴보면, 해당 사업장에 구조적 위험성이 있거나 과거 산업안전보건법 위반 처벌 전력이 있을 경우 처벌 가중 사유로 삼고 있습니다. 만약, 안전보건관리체계 구축을 등한시하거나 행정기관의 지적 사항이 누적된다면, 중대재해가 발생했을 때 불리하게 작용할 수 있다는 점을 유의하셔야 하겠습니다.

간혹 고용노동부의 근로감독에 따른 행정처분이나 안전조치 위반에 따른 형사처벌(보통 벌금형의 약식명령)을 일회성 사건으로 대수롭지 않게 생각하실 수 있습니다. 그러나 이는 중대재해처벌법 사건에 직접적으로 영향을 미칠 수 있는 요소이므로, 철저히 준비해 대응하는 것이 필요합니다.

중대재해처벌법 대비는

그렇다면 자영업자 내지 소규모 사업장을 운영하는 회사의 경우 중대재해처벌법 대비는 어떻게 해야 할까요? 충분한 인력, 조직, 예산을 활용해 체계적으로 안전보건관리체제를 구축할 수 있는 대기업과 달리, 자영업 사장님은 자본, 인력, 전문성 측면에서 현실적인 어려움이 존재하는 것이 사실입니다. 특히 중대재해처벌법이 단순히 일회성 조치를 취하라는 것이 아니라, 일정한 시스템을 구축하고 지속 가능하도록 점검을 하라는 취지여서 사장님에게는 더 어렵고 막연하게 느끼실 듯합니다.

우선 사장님께서는 안전에 대해 관심을 갖고 사업장을 점진적으로 개선해나가는 것이 중요합니다. 또한, 현장에서 안전조치가 실효적으로 이뤄질 수 있도록 종사자들과의 지속적인 소통이 필수적이고요. 만약, 자체적으로 안전보건관리체계 구축이 어렵다면, 고용노동부에서 실시하는 '산업안전 대진단' '안전 개선 지원 사업' 등을 신청해 도움을 받는 것도 하나의 방법이 될 수 있습니다. 그 외에도 민간기관에 안전 컨설팅을 의뢰하거나 안전진단을 의뢰하는 방법도 중대재해처벌법을 대비하는 데 도움이 될 수 있습니다. 고용노동부에서 매년 안전 관련 전문지도기관을 평가해 공고하고 있으니 민간기관 선정에 참고할 수 있습니다.

마치며

지금까지 중대재해처벌법의 입법 계기부터, 여러 중대재해 사례의 쟁점, 안전보건관리체계 구축 방안, 중대재해 시 대응 요령까지 살펴봤습니다. 회사를 운영하게 되면 직원을 고용하고, 세금을 납부하는 것이 경영상 당연하듯이, 이제는 중대재해처벌법을 준수하는 것도 회사 경영에 필수 불가결한 요소라는 인식이 필요합니다. 이 글을 통해 사장님께서 안전한 사업장을 만드시는 데 작게나마 도움이 되길 바라겠습니다.

중대재해처벌법상의
필수적인 이행 사항과
세부 조치 요령

안전보건 확보의무 이행, 이것부터 시작하세요

중대재해처벌법이 요구하는 안전보건관리체계의 핵심은 개별 사업장 단위의 구체적인 안전보건 조치 중심의 기존 안전보건관리체계를 넘어서 기업 전체 차원의 안전보건관리체계를 구축하고, 이 관리체계를 통해 사업장 단위의 구체적인 안전보건 조치의무가 충실히 이행될 수 있는 '안전보건관리 시스템'을 수립하는 데에 있습니다. 기업은 우선적으로 중대재해처벌법이 정하는 안전보건 확보의무의 필수적인 사항을 이행할 수 있는 전사 차원의 안전보건관리체계를 마련하여 이행하여야 합니다. 이하 '중대재해처벌법상의 필수적인 이행 사항과 세부 행동 요령'을 참고하여 중대재해처벌법에서 요구하는 각 의무를 이행할 수 있습니다.

1. 안전 · 보건 목표 및 경영방침 설정(시행령 제4조 제1호)

1) 〈필수〉 진단 사항

진단 사항	진단 결과		
	이행	미이행	해당 없음
① 안전보건경영방침을 설정하고 있다.			
② 안전보건 목표를 설정하고 있다.			
③ 위 목표와 방침을 사업장 내 모든 종사자가 볼 수 있도록 게시 · 안내하고 있다.			

2) 〈예시〉 실천 사항

[STEP 1] 안전보건경영방침과 목표를 설정할 것

※ (서식례) 안전보건경영방침 및 목표

안전보건경영방침

ㅇㅇ기업은 경영 활동 전반에 전 사원의 안전과 보건을 기업의 최우선 가치로 인식하고, 법규 및 기준을 준수하는 안전보건관리체계를 구축하여 전 직원이 안전하고 쾌적한 환경에서 근무할 수 있도록 최선을 다한다.

1. 경영책임자는 '근로자의 생명 보호'와 '안전한 작업환경 조성'을 기업 경영 활동의 최우선의 목표로 삼는다.
2. 경영책임자는 안전보건관리체계를 구축하여 사업장의 위험요인 제거·통제를 위한 충분한 인적·물적 자원을 제공한다.
3. 안전보건 목표를 설정하고, 이를 달성하기 위한 세부적인 실행 계획을 수립하여 이행한다.
4. 안전보건관계법령 및 관련 규정 준수 활동을 지속 전개한다.
5. 근로자의 참여를 통해 위험요인을 파악하고, 파악된 위험요인은 반드시 개선하고, 교육을 통해 공유한다.

안전보건 목표

ㅇ 산업재해 제로(Zero)화 및 안전한 작업환경 조성
ㅇ 근로자의 안전과 생명 보호
ㅇ 위험성 평가 중심의 안전보건관리체계 구축
ㅇ 안전보건예산 확보 및 안전보건 개선 활동 실시
ㅇ 위험을 책임지는 원·하청 상호 협력 시스템 실현
ㅇ 안전관리 시스템 정착

[STEP 2] 위 경영방침과 목표를 작업자 모두가 볼 수 있도록 전파할 것

■ 안전보건경영방침과 목표를 인쇄하여 종사자 모두가 볼 수 있는 작업 현장 내에 부착 또는 게시해놓을 것
■ TBM 시 또는 안전교육 시 안전보건경영방침과 목표를 전파할 것

---

2. 안전 · 보건 전담조직 구성 · 운영(시행령 제4조 제2호)

1) 〈필수〉 진단 사항

진단 사항	진단 결과		
	이행	미이행	해당 없음
① 안전보건 업무를 전담하는 조직을 구성 · 운영하고 있다. ※ 아래 조건 중 어느 하나에 해당하는 경우 '해당 없음'에 체크할 것(전담조직 구성 · 운영 적용 제외 대상) – 산업안전보건법상 선임하여야 하는 안전보건 전문인력(안전관리자, 보건관리자, 안전보건관리담당자, 산업보건의)이 3명 미만 – 상시근로자 수가 500명 미만이고 시공능력 순위가 상위 200위를 넘어가는 건설사업주			

2) 〈예시〉 실천 사항

[STEP 1] 적용 대상이 되는지 확인할 것

▣ 확인 사항

선임해야 하는 '산업안전보건법상 전문안전인력(안전관리자, 보건관리자, 안전보건관리담당자, 산업보건의)이 총 3명 이상이고 + 상시근로자 수가 500명 이상(또는 시공능력 순위가 상위 200위 이내인 건설사업주인지 확인)
⇒ 해당 없으면 STEP 1단계에서 종료

[STEP 2] (적용 대상인 경우) 안전보건 전담조직을 구성할 것

▣ 안전보건 전담조직 구성 TIP
– 부서 인원을 최소 2인 이상으로 구성
– 회사 전체의 안전보건 업무만을 담당하게 함

[STEP 3] 안전보건 전담조직이 실효성 있게 운영될 수 있도록 할 것

▣ 안전보건 전담조직 운영 TIP
– 안전보건 전담조직이 포함된 전사 조직도, 업무 분장표(안전보건 확보의무 이행 총괄 · 관리) 작성
– 안전보건 전담조직이 위 업무 분장에 따라 이행한 업무 활동 서류 보관

3. 유해 · 위험요인 확인 개선 절차 마련 등(시행령 제4조 제3호)

1) 〈필수〉 진단 사항

진단 사항	진단 결과		
	이행	미이행	해당 없음
① 위험성 평가 관련 절차를 마련하고 그에 따라 위험성 평가를 실시하고 있다.			
② 반기 1회 이상 위험성 평가의 결과에 대한 적정성 및 관련 개선 조치가 이루어지는지를 점검하고 있다.			
③ 점검 결과에 따라 미흡한 점이 있는 경우 필요한 조치를 하고 있다.			

2) 〈예시〉 실천 사항

[STEP 1] 유해 · 위험요인 확인 절차서를 마련할 것

▣ **위험성 평가 절차** 등이 마련되지 않은 기업은 산업안전보건공단이 배포한 '위험성평가 실시규정(절차서)' 등의 자료를 참고하되, 주요 절차는 아래와 같음
※ 사전 준비 → 유해 · 위험요인 파악 → 위험성 결정 → 위험성 감소 대책 수립 → 감소 대책 이행 · 확인 → 평가 결과 공유 · 교육

[STEP 2] 위험성 평가를 실시할 것

▣ **위험성 수준을 3단계(상 · 중 · 하)로 구분하여 위험성 평가를 실시할 것**
※ 위험성 평가는 사업장 특성에 맞는 방법을 선택하여 실시하되, 상대적으로 사업장에서 간명하게 실시할 수 있는 위험성 수준 3단계 판단법에 따라 위험성 평가를 실시하는 것을 고려할 수 있음. 그 외 위험성 평가 수행자가 현장 근로자와 면담을 통해 직접 경험한 유해 · 위험요인을 찾을 수도 있음
▣ **최초평가, 정기평가, 수시평가를 실시할 것**
※ 최초평가(사업이 설립된 날로부터 1개월 이내 착수) / 정기평가(매년) / 수시평가(시설 · 공정 변경 시, 산재 발생 시 등)
▣ **위험성 평가 결과는 TBM, 안전교육 등을 통해 모든 종사자에게 공유할 것**
※ 일일 작업 전 회의, 조회, 안전교육 시 위험성 평가 결과와 종사자 준수 사항을 공유
※ 작업 현장 내에 설치된 안전보건 현황판 등에 위험성 평가 결과를 게시

※ (서식례) 위험성 평가 3단계 판단법

작업 공정명			위험성 평가							평가 일시		
세부 작업 내용	유해위험요인 파악		관련 근거 (법적 기준)	현재의 안전보건조치	위험성				위험성 감소 대책	개선 후 위험성	개선 예정일	완료일	담당자
	위험 분류	위험 발생 상황 및 결과			가능 성(빈 도)	중대 성(강 도)	위험 성						

■평가 대상 : ○○ 작업   ■실시 일자 :   ■평가자 :

번호	유해·위험요인 파악 (위험한 상황과 결과)	위험성의 수준 (상, 중, 하)	개선 대책	개선 예정일	개선 완료일	담당자	관련 근거 (선택사항)
1	자재 운반 시 요통	□ ☑ □ 상 중 하	인력 운반 시 크기 및 중량에 따른 인원 배치 (25kg/인 초과금지)				
2	부적절한 장비 및 운전원 작업 중 사고	□ ☑ □ 상 중 하	장비 관련 서류 및 운전원 자격 서류 사전 확인 점검				
3		□ □ □ 상 중 하					
4		□ □ □ 상 중 하					

청취 조사에 의한 유해 · 위험요인 조사표	
실시 방법	위험성 평가 수행자가 현장 근로자와 면담을 통해 직접 경험한 유해 · 위험요인을 찾음

수행자 성명 :

근로자 성명(소속) :

설문 일시 :

경험담 1

경험담 2

경험담 3

※ 육하원칙(누가, 언제, 어디서, 무엇을, 어떻게, 왜)에 따라 작성

근로자 의견	수행자의 의견
○ 유해 · 위험 경험의 원인과 반성할 점	○ 경험에 대한 조언

[STEP 3] 반기 1회 이상 위험성 평가의 결과에 대한 적정성 및 관련 개선 조치가 이루어지는지 점검하고, (필요시) 조치할 것

▣ **반기 1회 이상 위험성 평가를 실시 주기에 따라 실시**하였는지, 위험성 평가 결과에 따른 **개선 조치가 이루어졌는지** 점검할 것

▣ 반기 1회 이상 전 현장의 위험성 평가 결과 중에서 **'상' 위험군**에 속하는 유해 · 위험요인과 그에 대한 개선 조치를 취합하여 **대표이사(대표자)에게 보고**할 것

※ 대표이사(대표자)는 유해 · 위험요인에 대한 보고를 검토하고, 추가적으로 확인 · 개선이 필요한 사항에 대하여 조치를 명하고 그 결과를 확인할 것

▣ 대표이사(대표자)는 반기 1회 이상 유해 · 위험요인에 대해 보고받고 필요한 조치를 명하였다는 점에 대해서 **반드시 기록으로 남겨놓을 것**

4. 재해 예방에 필요한 예산 편성 및 집행(시행령 제4조 제4호)

1) 〈필수〉 진단 사항

진단 사항	진단 결과		
	이행	미이행	해당 없음
① 안전보건 관련 예산을 편성하고 있다.			
② 편성된 예산이 용도에 맞게 집행되는지 확인하고 있다.			

2) 〈예시〉 실천 사항

[STEP 1] 안전보건 관련 예산을 별도로 편성할 것

▣ 차기 사업연도 예산을 편성할 때에 안전보건 관련 항목을 별도로 구성할 것

※ 안전보건예산 편성안 양식례

(단위:백만원)

구분		2024	2025
인력 및 시설 분야	위험시설 정비 및 개보수		
	안전검사 실시		
	안전시설 신규 설치 및 투자		
	안전보건조직 · 인력 노무관리		
안전 분야	안전인력 육성 및 교육		
	안전보건 진단 및 컨설팅		
	위험성 평가 실시		
	안전보호구 구입		

(단위:백만원)

구분		2024	2025
보건 분야	작업환경측정 실시		
	특수건강검진 실시		
	근골격계질환 예방		
	휴게 · 위생시설 관리		
기타	협력사 안전관리 역량 지원 • 교육 지원 • 시설 지원		
	안전보건 캠페인 추진		
예비	안전보건 예비비		

[STEP 2] 안전보건예산이 위 편성안에 맞게 집행되고 있는지 점검할 것

> ■ 정기적으로(최소 분기 1회 이상) 안전보건 편성 예산의 집행률을 점검하고, 합리적인 사유 없이 계획 대비 집행률이 상당히 저조한 항목에 대해서는 예산 집행 필요 부분을 재확인하여 집행하는 등 개선 조치를 취할 것

※ (서식례) 안전보건예산 점검표

(점검일자:2024. ○. ○) (단위:백만원)

구분		편성액	집행액	집행률(%)	개선 조치
계					
인력 및 시설 분야	위험시설 정비 및 개보수				
	안전검사 실시				
	안전시설 신규 설치 및 투자				
	안전보건조직 · 인력 노무관리				
…					

5. 안전보건관리책임자 등의 충실한 업무 수행 지원(시행령 제4조 제5호)

1) 〈필수〉 진단 사항

진단 사항	진단 결과		
	이행	미이행	해당 없음
① 안전보건관리책임자 등이 산업안전보건법에서 규정한 업무를 충실히 행할 수 있도록 필요한 권한과 예산을 부여하고 있다. ※ 적용 제외 대상('해당 없음'에 체크) – 공사금액 20억원 미만의 건설업 등 → 안전보건관리책임자 선임 미대상 – 도급 사업이 없는 경우 → 안전보건총괄책임자 선임 미대상			
② 안전보건관리책임자 등이 업무를 충실하게 수행하는지를 평가하는 기준이 마련되어 있다.			
③ 위 ②에서 정한 평가 기준에 따라 업무 수행의 충실성 여부를 반기 1회 이상 평가 및 관리하고 있다.			

2) 〈예시〉 실천 사항

[STEP 1] 안전보건관리책임자 등이 산업안전보건법에 따라 선임되어 있는지 확인할 것

> ◨ 안전보건관리책임자 등에 대한 선임계를 작성할 것
> ◨ 안전보건관리책임자 등의 선임 기준
> ☞ 안전보건관리책임자: 사업장을 실질적으로 총괄하여 관리하는 사람(예: 현장 소장 등)
> ☞ 관리감독자: 사업장의 생산과 관련되는 업무와 그 소속 직원을 직접 지휘 · 감독하는 직위에 있는 사람
>   (예: 부서장, 작업 반장 등)
> ☞ 안전보건총괄책임자: 사업장에 관계수급인 근로자가 작업하는 경우 그 사업장의 안전보건관리책임자

[STEP 2] 안전보건관리책임자 등에 대한 업무 권한과 예산을 부여할 것

▣ 안전보건관리책임자 등의 '담당 업무'와 '예산'에 관한 권한 분장 문서를 구비할 것

※ (서식례) 안전보건관리책임자 등의 업무 및 예산에 관한 권한 분장표

	안전보건관리책임자	관리감독자	안전보건총괄책임자
업무 권한	[산업안전보건법 제15조] • 산재예방계획 수립 • 안전보건관리규정 작성 · 변경 • 안전보건교육 • 작업환경의 점검 · 개선 • 근로자 건강관리 • 산재 원인조사 및 재발 방지 대책 수립 • 산재 통계 기록 · 유지 • 안전장치 · 보호구 적격품 여부 확인 • 위험성 평가 실시 • 안전보건규칙상 근로자 위험, 건강장해 방지	[산업안전보건법 시행령 제15조] • 관리 작업과 관계된 기계 · 기구 또는 설비 점검 • 소속 근로자의 작업복 · 보호구 · 방호장치 점검, 그 사용의 교육 · 지도 • 산재 보고 및 응급조치 • 작업장 정리정돈, 통로 확보 감독 • 안전 · 보건관리자 업무에 대한 협조 • 위험성 평가 및 위험요인 파악 · 개선 참여 등	[산업안전보건법 시행령 제53조] • 위험성 평가 실시 • 사업주의 작업중지 • 도급 시 산업재해 예방 조치 • 안전보건관리비 사용에 관한 협의 · 조정 • 안전인증 및 자율안전확인 • 대상기계 등 사용 여부 확인
예산 권한	[예산 권한 관련 TIP] • 예산에 관한 권한 규정 · 편성안 등에 안전보건관리책임자 · 안전보건총괄책임자, 관리감독자에게 위 업무에 관한 예산을 집행할 권한이 있다는 점을 명시해둘 것 • 안전보건관리책임자 · 안전보건총괄책임자는 현장을 총괄하는 자로서 통상 예산에 관한 권한이 부여되어 있으나, 관리감독자에 대해서는 권한을 부여하는 것이 현실상 어렵다면 최소한 안전보건예산을 편성 · 집행함에 있어 관리감독자의 의견을 청취하는 절차 등을 수립하여 운영하는 것이 바람직함		

[STEP 3] 안전보건관리책임자 등의 업무 수행에 대한 평가 기준을 마련하고, 반기 1회 이상 평가할 것

■ 안전보건관리책임자, 안전보건총괄책임자, 관리감독자 평가 기준이 제시된 평가표를 만들 것
■ 반기 1회 이상 평가를 실시하고 대표이사(대표자)에게 그 결과를 보고할 것
■ 평가 결과 개선이 필요한 경우 당사자에게 피드백하여 개선토록 할 것
※ 평가자는 안전관리자(안전업무담당자), 사업주, 현장 소장(관리감독자 평가에 한함) 등이 될 수 있음

※ (서식례) 안전보건관리책임자 등의 업무 수행 평가표

사업장명 : 평가일자 : 년 월 일

직책	성명	담당 업무	평가 기준			비고
			미흡	보통	양호	
안전 보건 관리 책임자 (산안법 제15조)		1. 산업재해 예방계획의 수립에 관한 사항				
		2. 안전보건관리규정의 작성 및 변경에 관한 사항				
		3. 근로자의 안전보건교육에 관한 사항				
		4. 작업환경 측정 등 작업환경의 점검 및 개선에 관한 사항				
		5. 근로자의 건강진단 등 건강관리에 관한 사항				
		6. 산업재해의 원인 조사 및 재발 방지 대책 수립에 관한 사항				
		7. 산업재해에 관한 통계의 기록 및 유지에 관한 사항				
		8. 안전장치 및 보호구 구입 시 적격품 여부 확인에 관한 사항				
		9. 그 밖에 근로자의 유해·위험 방지 조치에 관한 사항으로서 고용노동부령으로 정하는 사항				
		10. 담당 업무 수행에 필요한 예산 요청·집행에 관한 사항				
관리 감독자 (산안법 제16조)		1. 당해 작업과 관련되는 기계·기구 또는 설비의 안전·보건 점검 및 이상 유무 확인				

직책	성명	담당 업무	평가 기준			비고
			미흡	보통	양호	
관리 감독자 (산안법 제16조)		2. 소속된 근로자의 작업복·보호구 및 방호장치의 점검과 그 착용·사용에 관한 교육·지도				
		3. 당해 작업에서 발생한 산업재해에 관한 보고 및 응급조치				
		4. 당해작업의 작업장 정리·정돈 및 통로 확보에 대한 확인·감독				
		5. 해당 사업장의 안전관리자, 보건관리자, 안전보건관리담당자, 산업보건의의 지도·조언에 대한 협조				
		6. 위험성 평가를 위한 업무에 기인하는 유해·위험요인의 파악 및 그 결과에 따른 개선 조치의 시행에 대한 참여				
		7. 그 밖에 해당 작업의 안전 및 보건에 관한 사항으로서 고용노동부령으로 정하는 사항				
		8. 담당 업무 수행에 필요한 예산 요청·집행에 관한 사항				
안전 보건 총괄 책임자 (산안법 제62조)		1. 위험성 평가의 실시에 관한 사항				
		2. 산업재해 발생의 급박한 위험이 있거나 중대재해 발생 시 작업의 중지				
		3. 도급 시 산업재해 예방 조치				
		4. 산업안전보건관리비의 관계수급인 간의 사용에 관한 협의·조정 및 그 집행의 감독				
		5. 안전인증 대상기계 등과 자율안전 확인 대상기계 등의 사용 여부 확인				
		6. 담당 업무 수행에 필요한 예산 요청·집행에 관한 사항				

※ 평가 기준 (반기 1회 이상 평가)

양호	법령에 따른 업무 수행으로 수립된 안전보건 목표 달성 및 재해 예방 기여
보통	법령에 따른 업무를 적정하게 수행
미흡	법령에 따른 업무를 일부 수행하지 않음

※ 평가 결과 미흡으로 평가된 경우, 비고란에 그 사유 기재하고 당사자에게 피드백하여 개선할 수 있도록 조치

평가자(현장 소장 또는 사업주 등) :　　　　　(서명)

6. 안전·보건 전문인력 배치 및 업무 수행 시간 보장(시행령 제4조 제6호)

1) 〈필수〉 진단 사항

진단 사항	진단 결과		
	이행	미이행	해당 없음
① 산업안전보건법에 따라 안전·보건 전문인력을 배치하고 있다.			
② 배치된 안전·보건 전문인력이 다른 업무를 겸직하는 경우, 고용노동부 장관이 고시하는 안전보건에 관한 업무 시간을 보장하고 있다.			

2) 〈예시〉 실천 사항

[STEP 1] 각 작업 현장에 산업안전보건법 제17조부터 제19조, 제22조에서 정하는 수 이상의 안전·보건 전문인력이 배치되었는지 점검하고, 미달하는 현장이 있을 경우 신속히 배치할 것

[STEP 2] (안전·보건 전문인력이 다른 업무를 겸직하는 경우) 이들이 고용노동부 장관이 고시하는 안전보건에 관한 업무 시간을 수행하고 있는지 점검 및 조치할 것

▣ 안전·보건에 관한 업무 수행 시간의 기준 고시(고용노동부 고시)

최소 업무 시간	기준
최소 연간 585시간 이상	• 재해위험이 높지 않은 업종
최소 연간 702시간 이상	• 재해위험이 높은 업종(건설업, 일부 제조업 등 고시 [별표]에 따라 정해진 업종)
추가 100시간	• 상시근로자 수가 100명 이상 200명 미만인 사업장
추가 200시간	• 상시근로자 수가 200명 이상 300명 미만인 사업장

7. 종사자 의견 청취 절차 마련 · 이행 여부 점검(시행령 제4조 제7호)

1) 〈필수〉 진단 사항

진단 사항	진단 결과		
	이행	미이행	해당 없음
① 안전 · 보건에 대한 종사자의 의견을 청취하는 절차가 마련되어 있다.			
② 절차에 따라 종사자의 의견 청취를 하고, 필요시 개선 방안을 마련하여 이행하고 있다.			
③ 반기 1회 이상 종사자 의견 청취 및 개선 방안 이행 여부를 점검하고 있다.			

2) 〈예시〉 실천 사항

[STEP 1] 안전·보건에 관한 종사자 의견 청취 절차(제도)를 구축할 것

> ▣ 각 작업 현장이 산업안전보건법상 산업안전보건위원회(제24조), 각 협의체(제64조, 제75조)의 적용 대상인지 점검할 것
> ▣ 위 산업안전보건위원회 · 협의체의 적용 제외 대상 현장이 있는 경우에는 별도의 종사자 의견 청취 절차(소리함 설치 등)를 마련해야 함

[STEP 2] 위 절차에 따라 종사자의 의견 청취를 하고, 취합된 의견 중에 필요한 사항에 대해서는 개선 조치를 실시할 것

> ▣ 산업안전보건법상 위원회 · 협의체의 적용 대상 현장에 대해서는 법령에서 정하는 바에 따라 위원회 · 회의체를 운영하고, 회의록을 작성할 것

▣ 산안법상 산업안전보건위원회 · 협의체의 적용 제외 대상의 현장에 대해서는 '종사자 의견 관리대장'을 통해 접수된 의견을 취합하여 관리할 것

[STEP 3] 반기 1회 이상 종사자 의견 청취가 이루어지는지 점검하고, (필요시) 조치할 것

▣ 반기 1회 이상 종사자 의견 청취(산업안전보건법상의 협의체 등 또는 별도의 의견 청취 절차)를 거치지 않은 현장이 있는지 점검할 것

▣ 반기 1회 이상 취합된 의견 가운데 개선 조치가 필요한 의견과 그에 따른 개선 조치 결과를 정리하여 대표이사(대표자)에게 보고할 것
※ 대표이사(대표자)는 유해 · 위험요인에 대한 보고를 검토하고, 추가적으로 확인 · 개선이 필요한 사항에 대하여 조치를 명하고 그 결과를 확인할 것
※ 대표이사(대표자)에 대한 보고용 서식은 아래 양식을 참조

▣ 대표이사(대표자)는 반기 1회 이상 종사자 의견 결과에 대해 보고받고, 필요한 조치를 명하였다는 점에 대해서 반드시 기록으로 남겨놓을 것

※ (서식례) 종사자 의견 청취 보고용 양식

종사자 의견 청취 양식

의견 사항		개진 일자	
의견 개진자		확인자 (회사 작성)	
내용			
효과				
이하 회사 작성			
담당자		처리 일자	처리 결과

종사자 의견 청취 이행 결과 보고서

(보고일자 : 2024. ○○. ○○)

사업장명 (현장명)	의견사항	조치 결과		비고
		조치 완료	조치 중	
○○○○	○○사업장 기계 · 장비의 노후화로 인한 교체 요청	○		

8. 중대산업재해 대응 · 조치 매뉴얼 마련 등(시행령 제4조 제8호)

1) 〈필수〉 진단 사항

진단 사항	진단 결과		
	이행	미이행	해당 없음
① 중대산업재해 발생에 대비하여, 작업중지, 근로자 대피 등 대응 조치, 구호 조치 및 추가 피해 방지 조치에 관한 매뉴얼을 마련하고 있다.			
② 매뉴얼에 따라 조치하는지 반기 1회 이상 점검하고 있다.			

2) 〈예시〉 실천 사항

[STEP 1] 중대산업재해 발생에 대비하는 매뉴얼을 마련할 것

> ▣ 중대산업재해 대응 매뉴얼에는 반드시 법령에서 요구하는 사항이 포함되도록 할 것
>   ※ 아래 사항을 고려하여 대응 매뉴얼을 수립할 것
>   – 대응 매뉴얼은 △중대재해 사고 발생 시 작업중지, 근로자 대피, 위험요인 제거 등의 대응 조치
>   △피해자 구호 조치 △추가 피해 방지를 위한 조치 사항을 정하고 있을 것
>   – 대응 절차는 '작업중지 → 근로자 대피 → 위험요인 제거' 순서로 구성할 것
>   – 위험요인 제거와 추가 피해 방지 조치를 끝낸 이후에 작업이 재개되도록 할 것

[STEP 2] 대응 매뉴얼 및 비상 연락망을 인쇄하여 작업 현장 내에 게시해둘 것

[STEP 3] 반기 1회 이상 대응 매뉴얼에 따라 조치가 이루어지는지 시나리오 훈련을 통해 점검할 것

> ▣ 점검 방식으로 '시나리오 훈련'
>   ※ (시나리오 훈련 방식 예시) 반기별로 각 현장마다 주요 비상사태에 관한 테마를 정하여 모의 훈련을 실
>   시하고 이를 보고서 형태로 기록하는 방법
> ▣ 반기 1회 이상 시나리오 훈련 결과, 기타 매뉴얼상의 조치 내용을 정리하여 대표이사(대표자)에게 보고할 것
>   ※ 대표이사(대표자)는 보고 내용을 검토하고, 추가적으로 확인 · 개선이 필요한 사항에 대하여 조치를 명

하고 그 결과를 확인할 것
- ▣ 대표이사(대표자)는 반기 1회 이상 위 보고를 받고, 필요한 조치를 명하였다는 점에 대해서 반드시 기록으로 남겨놓을 것

9. 도급 등의 경우 종사자의 안전보건 확보를 위한 조치(시행령 제4조 제9호)

1) 〈필수〉 진단 사항

진단 사항	진단 결과		
	이행	미이행	해당 없음
① 도급, 용역, 위탁 등을 받은 자의 산재 예방 조치 능력과 기술을 평가하는 기준 및 절차를 마련하고 있다.			
② 도급, 용역, 위탁 등을 받는 자의 안전·보건을 위한 관리비용에 관한 기준을 마련하고 있다.			
③ (건설업의 경우) 도급, 용역, 위탁 등을 받는 자의 안전·보건을 위한 공사 기간에 관한 기준을 마련하고 있다.			
④ (조선업의 경우) 도급, 용역, 위탁 등을 받는 자의 안전·보건을 위한 건조 기간에 관한 기준을 마련하고 있다.			
⑤ 반기 1회 이상 기준·절차에 따라 도급, 용역, 위탁이 이루어지는지 점검하고 있다.			

2) 〈예시〉 실천 사항

[STEP 1] 수급업체 등의 안전·보건에 관한 역량을 평가하는 기준과 절차를 마련할 것

- ▣ 도급, 용역, 위탁 등의 계약자를 정하기 위한 평가 기준에 '안전·보건'에 관한 항목도 마련할 것

※ (서식례) 수급업체 등 안전보건 수준 평가 기준

구분	배점	득점
합계	100	
A. 안전보건관리체제	20	
B. 실행 수준	40	
C. 운영 관리	20	
D. 재해 발생 수준	20	

평가 항목	평가 기준	배점	득점
A. 안전보건관리체제 소계		20	
1. 일반원칙	원청과 하청사업주의 안전보건방침 부합 여부	5	
2. 계획 수립	원청과 산업재해 예방 활동에 대한 하청의 이행계획 부합 여부	10	
3. 구조 및 책임	이행계획 추진을 위한 구성원의 역할 분담(본사, 현장)	5	
B. 실행 수준 소계		40	
4. 위험성 평가	도급 작업의 위험성 평가 결과에 대한 이해 수준 및 자체 유해·위험요인 평가 수준	5	
5. 안전검검	안전점검 및 모니터링(보호구 착용 확인 포함)	10	
6. 이행 확인	안전조치 이행 여부 확인(원청의 지도 조언에 대한 이행 포함)	10	
7. 교육 및 기록	안전보건교육 계획 및 기록 관리	5	
8. 안전작업허가	유해·위험 작업에 대한 안전작업허가 이행 수준	10	
C. 운영 관리 소계		20	
9. 신호 및 연락체계	원청·하청 간 신호체계, 연락체계 구축	10	
10. 위험물질 및 설비	유해·위험물질 및 취급 기계·기구 및 설비의 안전성 확인	5	
11. 비상대책	비상시 대피 및 피해 최소화 대책(고용부, 안전보건공단, 소방서, 병원 포함)	5	
D. 재해 발생 수준 소계		20	
12. 산업재해 현황	최근 3년간 산업재해 발생 현황	20	

[STEP 2] 수급업체 등의 안전·보건을 위한 관리비용 및 공사 기간에 관한 기준을 마련할 것

■ 안전·보건을 위한 관리비용은 도급을 받은 수급업체가 사용하는 시설, 설비, 장비 등에 대한 안전조치, 보건조치에 필요한 비용, 종사자의 개인 보호구 구비를 위한 비용 등으로 이를 갖출 수 있는 안전보건관리 비용을 책정하여야 함
■ 수급업체 종사자 등의 산업재해 예방을 위해 안전하게 작업할 수 있는 작업 기간을 고려하여 공사 기간을 정하는 기준이 마련되어야 하는 바, 작업 단계별(준비 기간·비작업 일수·주요 작업별 작업 일수·정리 기간 등)로 나누어 적정 공사 기간을 협의하여 정할 필요가 있음
■ 수급업체 등과 위 안전보건 관리비용과 공사 기간에 대하여 협의하고 그 협의의 내용을 기록하여두는 것이 바람직함

[STEP 3] 반기 1회 이상 안전·보건 확보를 위한 기준과 절차에 따라 수급업체 등이 선정되는지 점검할 것

■ 반기 1회 이상 위 협력업체 안전보건 수준 평가, 관리비용 및 공사 기간 기준에 따른 이행 결과를 정리하여 대표이사(대표자)에게 보고할 것
  ※ 대표이사(대표자)는 협력업체 선정 등에 관한 보고 내용을 검토하고, 추가적으로 확인·개선이 필요한 사항에 대하여 조치를 명하고 그 결과를 확인할 것
■ 대표이사(대표자)는 반기 1회 이상 위 보고를 받고, 필요한 조치를 명하였다는 점에 대해서 반드시 기록으로 남겨놓을 것

10. 재해 재발 방지 대책의 수립 및 이행에 관한 조치(법 제4조 제1항 제2호)

1) 〈필수〉 진단 사항

진단 사항	진단 결과		
	이행	미이행	해당 없음
① 재해 발생 시 재발을 방지하기 위한 대책을 수립하고 있다.			
② 수립된 재발 방지 대책을 이행하고 있다.			

2) 〈예시〉 실천 사항

- ▣ 반드시 중대산업재해가 아니더라도 작업과 관계된 사고에 대해서는 재발 방지 대책을 수립할 것
- ▣ 다른 현장에 대해서도 재발 방지 대책과 관련된 위험이 존재하는지 점검할 것
- ▣ 재발 방지 대책에 대하여는 관련 작업 종사자 모두에게 TBM, 안전교육 시에 공유 · 전파할 것

11. 중앙행정기관 등의 개선 사항 등 이행에 관한 조치(법 제4조 제1항 제3호)

1) 〈필수〉 진단 사항

진단 사항	진단 결과		
	이행	미이행	해당 없음
① 중앙행정기관 · 지방자치단체가 개선 · 시정을 명령한 경우 신속히 경영책임자 등에게 보고하고 있다.			
② 중앙행정기관 · 지방자치단체가 개선 · 시정을 명령한 경우, 필요한 조치를 이행하고 있다.			

2) 〈예시〉 실천 사항

[STEP 1] 중앙행정기관 등이 안전보건에 관한 개선·지시 등을 명한 경우 이를 신속히 대표이사 (대표자)에게 보고할 것

▣ 보고 사항에는 시정 · 명령의 사실뿐만 아니라 그 구체적인 내용도 포함되어 있어야 함

[STEP 2] 기간 안에 개선·시정 명령 사항을 이행할 것

▣ 중앙행정기관 등이 개선 · 시정 명령 사항과 정해진 기간 안에 이를 이행한 사항 등을 관리할 것
▣ 다른 현장에 대해서도 개선 · 시정 대상의 위험이 존재하는지 점검할 것
▣ 개선 · 시정 명령 사항에 대하여는 관련 작업 종사자 모두에게 TBM, 안전교육 시 공유 · 전파할 것

12. 안전 · 보건관계법령에 따른 의무이행 여부에 대한 점검 및 조치(법 제4조 제1항 제4호)

1) 〈필수〉 진단 사항

진단 사항	진단 결과		
	이행	미이행	해당 없음
① 안전 · 보건관계법령에 따른 의무이행 여부를 반기 1회 이상 점검하고 있다.			
② 점검 또는 보고 결과, 의무가 이행되지 않는 사실이 확인되는 경우 해당 의무이행에 필요한 조치를 하고 있다.			

2) 〈예시〉 실천 사항

[STEP 1] 사업 또는 사업장에 적용되는 안전보건관계법령의 의무 사항을 파악할 것

▣ 현장에 적용되는 안전보건관계법령을 파악하고, 해당 관계법령의 법적 의무 항목을 리스트업하여 관리할 것
　※ 특히, 안전보건 관련 대표적인 법령인 산업안전보건법을 중점 관리할 필요가 있음

[STEP 2] 반기 1회 이상 안전보건관계법령의 이행 여부를 점검하고, 필요시 개선 조치할 것

▣ 안전보건관계법령 이행 점검표를 만들어 반기 1회 이상 점검하고, 미비한 사항에 대해서는 개선 조치할 것
▣ 반기 1회 이상 안전보건관계법령 점검 결과를 정리하여 대표이사(대표자)에게 보고할 것
　※ 대표이사(대표자)는 보고 내용을 검토하고, 추가적으로 확인 · 개선이 필요한 사항에 대하여 조치를 명하고 그 결과를 확인할 것
▣ 대표이사(대표자)는 반기 1회 이상 위 보고를 받고, 필요한 조치를 명하였다는 점에 대해서 반드시 기록으로 남겨놓을 것

13. 안전 · 보건에 관한 교육 이행 여부에 대한 점검 및 조치(법 제4조 제1항 제4호)

1) 〈필수〉 진단 사항

진단 사항	진단 결과		
	이행	미이행	해당 없음
① 안전 · 보건관계법령에 따라 유해 · 위험한 작업에 관한 안전보건교육 실시 의무이행 여부를 반기 1회 이상 점검하고 있다.			
② 점검 또는 보고 결과, 의무가 이행되지 않는 교육에 대해 지체 없이 교육 실시에 필요한 조치를 하고 있다.			

2) 〈예시〉 실천 사항

[STEP 1] 안전보건관계법령에 따른 안전보건교육을 파악할 것

- 12번에서 리스트업한 '안전보건관계법령 목록'을 참고하여, 안전보건관계법령에 따른 유해 · 위험 작업에 관한 안전보건교육 사항을 리스트업하여 관리할 것
  ※ 특히, 안전보건 관련 대표적인 법령인 산업안전보건법에 따른 안전보건교육(정기 · 신규 · 작업 변경 시 · 특별교육 등)을 중점 관리할 필요가 있음

[STEP 2] 반기 1회 이상 안전보건관계법령에 따른 안전보건교육의 이행 여부를 점검하고, 필요 시 개선 조치할 것

- 안전보건관계 교육 계획서를 만들어 반기 1회 이상 점검하고, 미비한 사항에 대해서는 교육 실시 조치할 것
- 안전보건교육을 실시한 이후에는 해당 교육에 관한 보고서를 작성하여 이행 근거 자료를 확보해둘 것
- 반기 1회 이상 안전보건교육 실시 결과를 정리하여 대표이사(대표자)에게 보고할 것
  ※ 대표이사(대표자)는 보고 내용을 검토하고, 추가적으로 확인 · 개선이 필요한 사항에 대하여 조치를 명하고 그 결과를 확인할 것
- 대표이사(대표자)는 반기 1회 이상 위 보고를 받고, 필요한 조치를 명하였다는 점에 대해서 반드시 기록으로 남겨놓을 것

중소기업 · 자영업자를 위한
중대재해법 한 권으로 끝내기

초판 1쇄   2024년 7월 12일

지은이   법무법인 율촌 중대재해센터
펴낸이   허연
펴낸곳   매일경제신문

주소   (04627) 서울시 중구 퇴계로 190 매경미디어센터
판매 문의   02)2000-2606
등록   2003년 4월 24일(No. 2-3759)
인쇄·제본   ㈜M-print 031)8071-0961

ISBN   979-11-6484-697-9 (03320)